Gestión de la cadena de suministro

Apuntes de estudio

Carlos Pizarro Barbarán

CADUCEUS

GESTIÓN DE LA CADENA DE SUMINISTRO
Apuntes de estudio

Editado por: Corporación Ígneo, S.A.C.
para su sello editorial Ediquid
José Olaya 169, Ofic. 504, Miraflores. Lima, Perú
Primera edición, marzo, 2024

ISBN: 978-612-49439-5-9
Impresión bajo demanda

Hecho el Depósito Legal en la Biblioteca Nacional del Perú N° 2024-01019
Se terminó de imprimir en marzo del 2024

www.grupoigneo.com
Correo electrónico: contacto@grupoigneo.com
Facebook: Grupo Ígneo | X: @editorialigneo | Instagram: @grupoigneo

Contenido

A mis alumnos, por quienes,
de manera permanente, estoy
retando mis límites y capacidades
para colaborar en su formación
profesional.

Introducción

La creciente importancia de la gestión de la cadena de suministro en el panorama actual, y su expansión y desarrollo logrados en los últimos 30 años, me anima a poner a disposición de los lectores este manual, el cual está dirigido tanto a alumnos como a profesionales que se desempeñan en el ámbito de las cadenas o redes de suministro.

Teniendo en cuenta el formato de los manuales, esta propuesta se encuentra organizada por temas y de una manera concreta, sucinta y sustanciosa. A partir de la cual se desarrollan problemas de aplicación, en especial práctica, basados en modelos matemáticos y ciencia aplicada en general.

Mi objetivo es el de dotar al lector de herramientas de solución que se basen en el uso de métodos y modelos cuantitativos, que le brinden la oportunidad de lograr una primera aproximación, a las siempre rápidas y demandantes respuestas, que exige la dinámica de la gestión de la cadena de suministro y el uso de sus mejores prácticas.

En todos mis libros siempre aspiraré a que estos mantengan un lenguaje sencillo y claro, que permita asimilar de la mejor manera los modelos de solución en cada tema presentado.

Espero, de verdad, que este manual colabore por completo con el desarrollo profesional de todos y cada uno de sus lectores y, sobre todo, les ayude a resolver los problemas que en el campo profesional pongan en sus manos.

Capítulo 1

La gestión de la cadena de suministro

Conceptos asociados

El enfoque de sistemas aplicados a las organizaciones

Se visualiza a la organización como un sistema abierto que interactúa, de forma permanente, con un entorno complejo y dinámico que pretende lograr un equilibrio dinámico con su medio, a partir de la adaptabilidad y la continuidad (Kast y Rosenzweig, 1988).

Este concepto de sistema abierto se aplica para entender y dar fundamento al funcionamiento de una cadena de suministro y su correspondiente gestión.

Las funciones básicas que se desarrollan en toda organización

Según el diseño tradicional funcional de las organizaciones, en toda entidad siempre están presentes, en mayor o menor magnitud, dependiendo del giro del negocio, las siguientes funciones básicas:

- mercadotecnia,
- producción u operaciones,
- finanzas,
- recursos humanos,
- logística.

«El diseño funcional es el tipo más elemental de diseño organizacional y con frecuencia es la base a partir de la cual se desarrollan los otros tipos de diseño» (Hellriegel y Slocum, 2009).

En particular, la función logística en la actualidad, se desarrolla a través de un enfoque de gestión de la cadena de suministro, que implica involucrar a toda la organización y sus demás funciones, de manera transversal a ella, y en donde subyace el concepto específico de cadena de valor.

La cadena de valor

La cadena de valor es un modelo desarrollado por Michael Porter, que identifica las actividades críticas de una empresa, que añaden valor a su producto, a medida que se involucra la actividad comercial de la compañía. A partir de esto, permite visualizar sus fortalezas, debilidades y potenciales fuentes de ventajas competitivas.

Esta herramienta clasifica las actividades generadoras de valor de una empresa en dos: las actividades primarias o de línea, y las actividades de apoyo o de soporte.

Toda organización cuenta con una cadena de valor cuyos eslabones de actividad van desde el acopio de los insumos hasta la entrega final del producto. Un esquema resumen de ello se presenta a continuación.

Conceptos específicos

La cadena de suministro

Es un flujo de actividades interempresas que vincula, de manera coordinada, el trabajo de proveedores de materia prima, fabricantes, mayoristas y minoristas con la finalidad de satisfacer las necesidades del cliente o consumidor final.

«... una cadena de suministro es una empresa extendida, que por lo general cruza los límites de varias empresas individuales para coordinar los flujos relacionados de todas ellas» (Coyle y cols., 2018).

Flujos en una cadena de suministro

Se pueden identificar cuatro flujos en una cadena de suministro (Coyle y cols., 2018):

- Flujo de productos, o el movimiento físico de bienes y materiales.
- Flujo de información, que posibilita el flujo físico de los materiales, la toma de decisiones y la colaboración dentro de la cadena de suministro.
- Flujo de efectivo, en términos de la administración del capital de trabajo.
- Flujo de demanda, para detectar y entender las señales de la demanda y sincronizarla con el suministro de materiales.

Etapas de una cadena de suministro

Los flujos de una cadena de suministro conectan a las diferentes etapas que la conforman, las cuales se detallan a continuación:

- proveedor de materia prima,
- fabricante,
- mayorista,
- minorista,
- cliente.

En cada etapa casi siempre hay más de un protagonista, por lo que es mucho más pertinente hablar de una red de suministro en vez de una cadena de suministro.

«... de hecho, la mayoría de las cadenas de suministro son redes. Quizá sea más preciso utilizar el término red de suministro para describir la estructura de la mayoría de las cadenas de suministro...» (Chopra y Meindl, 2013).

Procesos básicos en una cadena de suministro

Los cuatro procesos básicos que se gestionan en la cadena de suministro, de acuerdo a Alfalla (2016), comprenden las siguientes actividades:

- aprovisionamiento,
- producción,
- almacenamiento,
- distribución.

La gestión de la cadena de suministro (Supply Chain Management [SCM])

- La gestión de la cadena de suministro implica la planeación, organización, dirección y control del flujo continuo de un producto a través de las diferentes empresas que participan en su elaboración desde la materia prima hasta su entrega al cliente final.
- Comienza con los proveedores de materia prima y termina con los clientes finales.
- La gestión de la cadena de suministro, desde un punto de vista estratégico, implica que su diseño e implementación debe tener como objetivo fundamental el logro de ventajas competitivas.
- Una adecuada gestión de la cadena de suministro es una gran fuente de ventajas competitivas (Alfalla, 2016).

- En tal sentido, las organizaciones no compiten como tales, sino a través de su red de suministro o cadena de suministro, y su capacidad para lograr ventajas competitivas.
- Hoy en día, la competencia real ya no es tanto entre compañías, o entre productos, sino entre cadenas de suministro (Anaya, 2011).

Importancia de la gestión de la cadena de suministro

- Compaq estima que perdió entre 500 millones y 1 billón de dólares en ventas en 1995 porque sus *laptops* y *desktops* no estuvieron disponibles cuándo y dónde los clientes las iban a comprar.
- IBM perdió en 2003 una parte importante de sus ventas potenciales de desktops porque no pudo abastecer la cantidad suficiente de chips para el control de las pantallas.

Complejidad que puede alcanzar la gestión de la cadena de suministro

Una fábrica de componentes electrónicos:

- Producción:
  - Produce microchips en 4 plantas en EUA, otra en Gran Bretaña y otra en Israel.
  - Los chips son enviados para ensamble a 6 plantas ubicadas en Asia.
- Distribución:
  - El producto final se envía a cientos de clientes en todo el mundo.
  - Existen 20 000 rutas diferentes en 12 líneas aéreas involucradas.

- El 95 % de los productos se entregan en menos de 45 días.
- El 5 % se envía entre 45 y 90 días.

Beneficios potenciales derivados de una adecuada gestión de la cadena de suministro

Walmart ha sido líder en el uso del diseño, planeación y operación de una cadena de suministro para alcanzar el éxito... Walmart diseñó su cadena de suministro con grupos de tiendas alrededor de centros de distribución para facilitar, de una manera rentable, el reabastecimiento frecuente de sus tiendas detallistas... Walmart ha sido líder al compartir información y colaborar con los proveedores para reducir costos y mejorar la disponibilidad de los productos... En su informe anual de 2010 reportó una utilidad neta de más de $14,300 millones con ingresos de aproximadamente $408,000 millones... en 1980 alcanzaba ventas anuales de sólo $1,000 millones (Chopra y Meindl, 2013).

Walmart se transformó a partir de la aplicación de conceptos de gestión de la cadena de suministro. Tiene las ventas/pie cuadrado, rotación de inventarios y utilidad operativa más altas que cualquiera de su competencia.

Capítulo 2

Indicadores de gestión de la cadena de suministro

Definición y alcances

Una vez definidos los objetivos estratégicos de la organización, y dentro de ello, los objetivos logísticos particulares, se puede medir la *performance* global de la cadena de suministro, en coordinación con los demás actores de la red, a través de indicadores de gestión.

La idea básica es que estos sirvan como indicadores meta o referenciales, que se identifiquen, de una manera objetiva y en términos cuantitativos, con aquello que se pretende lograr en la gestión de la cadena de suministro.

... hemos de tener en cuenta que no existe en la práctica un recetario concreto de PI (*performance indicators*) aplicables a todas las empresas, sino más bien unas recomendaciones para que en cada caso se utilicen las que más interesen de acuerdo con las necesidades específicas de cada actividad... (Anaya, 2011).

Los indicadores deben permitir el seguimiento del desempeño de la cadena de suministro a través de los diferentes flujos, que se dan entre las etapas y procesos de la aludida cadena, y aún más, para que propicien la generación de efectos de *benchmarking* logístico.

A título ilustrativo, más no exhaustivo, podemos identificar algunos indicadores de gestión relacionados con los procesos básicos que se dan en toda cadena de suministro, que sirvan como referencia para elaborar el tablero de control respectivo. Para ello, se muestra a continuación un tablero resumen de los indicadores de gestión.

Tabla resumen de principales indicadores de gestión de la cadena de suministro

Concepto	Objetivo	Definición	Fórmula
	Aprovisionamiento		
Homologación de proveedores	Controlar la calidad de los proveedores	Porcentaje de proveedores homologados	Proveedores homologados/ total de proveedores
Pedidos recibidos	Controlar la calidad de los pedidos recibidos en términos de oportunidad y fiabilidad	Porcentaje de pedidos rechazados	Pedidos rechazados/ total de pedidos
Rotación del inventario	Controlar la cantidad de productos despachados	Numero de veces que el capital se recupera a través de las ventas	Ventas promedio/ inventario promedio
Obsolescencia del inventario	Controlar el nivel de mercancías no disponibles para la venta por obsolescencia	Nivel de mercancías no disponibles por obsolescencia	Unidades obsoletas/ unidades disponibles en el inventario
Valor del inventario	Controlar el valor del inventario frente al costo de venta	Mide el porcentaje del valor del inventario físico frente al costo de venta	Inventario físico valorizado/ costo de venta

Tabla resumen de principales indicadores de gestión de la cadena de suministro (Cont.)

Concepto	Objetivo	Definición	Fórmula
		Producción	
Tiempo de entrega de un pedido de producción	Controlar el tiempo en que se atiende un pedido desde producción	Mide el número de dias de demora en la atención de los pedidos hechos a producción	Fecha de atención del pedido hecho a producción/ fecha de recepción del pedido hecho a producción
Capacidad de producción	Tener conocimiento de la capacidad de procesamiento de los pedidos por parte de producción	Mide el volumen de producción de la planta en un determinado período de tiempo	Número de artículos a producir por la planta en un determinado período de tiempo
Productividad de la mano de obra (MO)	Tener conocimiento de la eficiencia y eficacia por parte de la MO en el procesamiento de los pedidos hechos a producción	Mide la relación entre los artículos producidos y los insumos empleados para los mismos	Número de artículos producidos/ insumos totales empleados
Fiabilidad de producción	Controlar el nivel de éxito en la entrega de pedidos a tiempo por parte del producción	Mide el porcentaje de éxito en la entrega de los pedidos a tiempo por parte de producción	Número de pedidos entregados a tiempo/total de pedidos solicitados a producción

Tabla resumen de principales indicadores de gestión de la cadena de suministro (Cont.)

Concepto	Objetivo	Definición	Fórmula
		Almacenamiento	
Tamaño del lote de abastecimiento	Controlar el tamaño del lote de pedido	Mide el tamaño del lote que hace mínimo el costo total de gestión del stock	Fórmula del modelo de Wilson
Fiabilidad del proveedor	Controlar el nivel de éxito en la entrega de pedidos a tiempo por parte del proveedor	Mide el porcentaje de éxito en la entrega de los pedidos a tiempo por parte del proveedor	Número de pedidos entregados a tiempo/total de pedidos solicitados al proveedor
Tiempo de suministro de un pedido	Controlar el tiempo en que nos suministran un pedido	Mide el número de dias de demora en la atención de los pedidos a proveedores	Fecha de atención del pedido al proveedor/ fecha de entrega del pedido al proveedor
Rotura de stock	Controlar el nivel de abastecimiento en el inventario	Mide el porcentaje de veces que se ha presentado una rotura del stock	Número de artículos clase A que han presentado rotura de stock/total de articulos clase A en el inventario

Tabla resumen de principales indicadores de gestión de la cadena de suministro (Cont.)

Concepto	Objetivo	Definición	Fórmula
		Distribución	
Eficiencia en el transporte	Determinar la eficiencia en el transporte de materiales	Mide el costo por tonelada transportada	Costo de transporte/ total de toneladas transportadas
Capacidad utilizada del transporte	Determinar la eficiencia en el uso de la capacidad del transporte de materiales	Mide el porcentaje de uso de la capacidad disponible para el transporte	Toneladas transportadas/ capacidad disponible de transporte
Tiempo de atención de un pedido	Controlar el tiempo en que se atiende un pedido	Mide el número de dias de demora en la atención de los pedidos	Fecha de atención del pedido/fecha de recepción del pedido
Fiabilidad en la entrega de pedidos	Controlar el nivel de éxito en la entrega de pedidos a tiempo	Mide el porcentaje de éxito en la entrega de los pedidos a tiempo	Número de pedidos entregados a tiempo/total de pedidos

Capítulo 3

Planeamiento de la demanda en la gestión de la cadena de suministro

Planeamiento de la demanda. Concepto

El planeamiento de la demanda, en la gestión de la cadena de suministro, debe ser entendido como aquella tarea que tiene como principal objetivo el logro de un estimado de la demanda del cliente para toda la cadena de suministro. Esta se basa, de manera fundamental, en el uso de pronósticos.

La idea es que se realice una previsión agregada para estimar la demanda del cliente final de toda la cadena de suministro, evitando así que cada parte de la cadena haga sus pronósticos por separado, para impedir así un mayor error en el pronóstico de la demanda del cliente final, conocido como efecto látigo.

Un pronóstico a nivel agregado tiende a ser más preciso que la «suma» de los pronósticos parciales.

«Este fenómeno, que se observa en múltiples organizaciones, es conocido como efecto látigo, amplificador o *bullwhip* y tiene un impacto muy significativo en los niveles de inventario de las empresas integrantes de la Cadena de Suministro» (Alfalla, 2016).

Pronóstico. Concepto

En el particular contexto de la planeación de la demanda, en la gestión de la cadena de suministro, un pronóstico es aquella técnica mediante la cual se logra la anticipación de la demanda de un producto o servicio, para un determinado período de tiempo a futuro, usando para este fin herramientas estadísticas o métodos cuantitativos.

Todos los pronósticos se realizan a *ceteris paribus* o condiciones establecidas, vale decir, suponen que en el futuro se repetirán las condiciones del pasado.

Pronóstico. Características

De acuerdo a lo indicado por Chopra y Meindl (2013), las principales características de los pronósticos son las que se detallan a continuación:

1. Son imprecisos; por consiguiente, se debe hacer un seguimiento del error del pronóstico, para luego evaluar y elegir la mejor técnica de pronóstico.
2. Los pronósticos de largo plazo son más imprecisos que los de corto plazo.
3. Los pronósticos agregados suelen ser más precisos que los desagregados.
4. Cuánto más lejos del consumidor final esté una empresa en la cadena de suministro, mayor será la distorsión de la información que reciba.

Pronóstico. Técnicas más usadas

Tres son las técnicas más usadas para efectuar pronósticos basados en métodos cuantitativos:

- series de tiempo,
- promedio móvil simple,
- promedio móvil ponderado.

1. **Pronóstico mediante el uso de series de tiempo**

   Se puede emplear más de una fórmula. Nosotros usaremos la siguiente fórmula general:

$$Y = (a + bX) * \hat{S}$$

En donde:

Y = variable dependiente o estimado de la demanda por período que se pretende lograr.

X = variable independiente, por lo general, es una variable de tiempo o temporal.

a = coeficiente de nivel o sistemático.

b = coeficiente de la tendencia.

$\hat{S}$ = coeficiente estacional promedio.

«En su forma más general, el componente sistemático de la información de la demanda contiene un nivel, una tendencia y un factor estacional» (Chopra y Meindl, 2013).

Pasos a seguir:

1. Desestacionalizar la demanda histórica, vale decir, quitarle a la demanda todo tipo de fluctuación estacional.

2. Con los datos de la demanda desestacionalizada, aplicar el método de los mínimos cuadrados para hallar los coeficientes a y b de la recta de regresión lineal correspondiente.
3. Con la ecuación de la recta así hallada, recalcular los datos de la demanda anterior para cada período histórico.
4. Calcular para cada período histórico el coeficiente estacional, como cociente entre los datos de la demanda histórica y los de la demanda desestacionalizada.
5. Calcular el coeficiente estacional promedio.
6. Efectuar la estimación, por cada período futuro solicitado, según la fórmula general.

Problema 3.1: Pronóstico mediante el uso de series de tiempo

Vatisa es una empresa agroindustrial situada en el norte del Perú que, entre otras cosas, produce menestras, las que vende a distribuidoras situadas en todo el territorio nacional, con las cuales, en los últimos tiempos, ha tenido problemas de abastecimiento, **a raíz de que sus estimados de venta no han sido los más certeros**.

Por esta razón, ha decidido realizar sus valoraciones, en forma conjunta, con sus distribuidores y que dicho estimado sirva de base a toda la cadena de suministro. Para ello, ha recabado la información de ventas históricas de menestras en sacos que se muestra en el cuadro adjunto. Se pide realizar el estimado de ventas para los siguientes 4 trimestres.

Año	Trimestre	Demanda histórica (Y)
2016	3	12,000
2016	4	20,000
2017	1	37,000
2017	2	54,000
2017	3	15,000
2017	4	27,000
2018	1	35,000
2018	2	58,000
2018	3	20,000
2018	4	19,000
2019	1	50,000
2019	2	62,000

Solución

Se realizará el pronóstico de la demanda de sacos de menestras usando la técnica de series de tiempo, para lo cual se darán los siguientes pasos:

1. Desestacionalizar la demanda histórica.

Año	Trimestre	Período (X)	Demanda histórica (Y)
2016	3	1	12,000
2016	4	2	20,000
2017	1	3	37,000
2017	2	4	54,000
2017	3	5	15,000
2017	4	6	27,000
2018	1	7	35,000
2018	2	8	58,000
2018	3	9	20,000
2018	4	10	19,000
2019	1	11	50,000

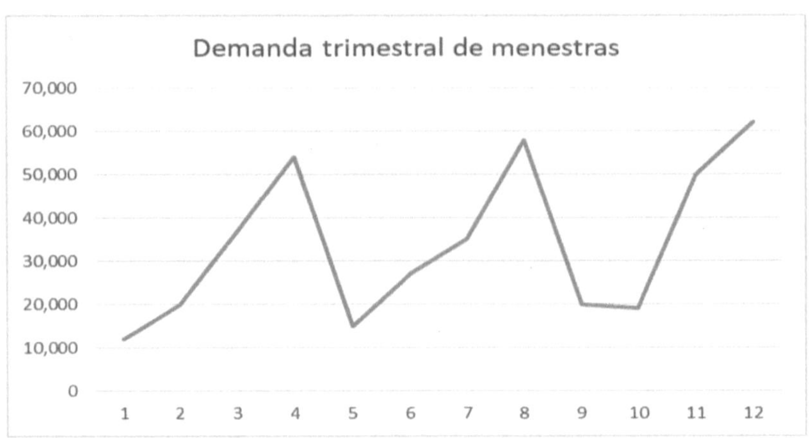

Se observa que la demanda es estacional con picos, en el trimestre 2, y valles, en el trimestre 3, y este ciclo estacional de picos y valles se repite cada cuatro trimestres, por lo que podemos decir que la periodicidad «p» de la demanda es de 4.

A partir de lo anterior, y usando el método de movimientos medios para series de tiempo, vamos a desestacionalizar los datos de la demanda histórica. Dichos datos desestacionalizados responden a las fórmulas siguientes, las cuales han sido expuestas por Chopra y Meindl (2013).

$Y_x = Y_{x-(\frac{p}{2})} + Y_{(x+\frac{p}{2})} + \sum_{i=x+1-(\frac{p}{2})}^{x-1+(\frac{p}{2})} 2Y_i] /2p$, que se usa cuando p es par.

$Y_x = Y_{x-(\frac{p}{2})} + Y_{(x+\frac{p}{2})} + \sum_{i=x-[\frac{p-1}{2}]}^{x+[\frac{p-1}{2}]} Y_i] /p$, que se usa cuando p es impar.

Para el problema en particular, dado que p = 4, se usa la primera fórmula.

Los resultados período a período así obtenidos, se muestran en la tabla de Excel adjunta.

Año	Trimestre	Período (X)	Demanda histórica (Y)	Demanda desestacionalizada ($\bar{Y}$)
2016	3	1	12.000	
2016	4	2	20.000	
2017	1	3	37.000	31.125*
2017	2	4	54.000	32.375
2017	3	5	15.000	33.000
2017	4	6	27.000	33.250
2018	1	7	35.000	34.375
2018	2	8	58.000	34.000
2018	3	9	20.000	34.875
2018	4	10	19.000	37.250
2019	1	11	50.000	
2019	2	12	62.000	
Periodicidad		p =	4	

* = [D4+D8+2*(D5+D6+D7)] / 2*D16

Se han eliminado los cálculos de los dos primeros períodos por insuficiencia de datos y los dos últimos para evitar sesgos en los datos de demanda desestacionalizada.

2. Cálculo de a y b por el método de los mínimos cuadrados. Con los datos de demanda desestacionalizada obtenidos en el punto anterior, se procede al cálculo de a y b por el método de los mínimos cuadrados para una recta de regresión lineal, según se muestra a continuación:

X	Y	XY	X^2
1	46.500	46.500	1
2	48.375	96.750	4
3	49.250	147.750	9
4	49.750	199.000	16
5	51.750	258.750	25
6	51.125	306.750	36
7	52.250	365.750	49
8	55.625	445.000	64
36	404.625	1.866.250	204

$\sum Y \sum X^2$	$\sum X \sum XY$	$\sum X^2$	$(\sum X)^2$	$\sum X \sum Y$
82.543.500	67.185.000	204	1.296	14.566.500

a	45.710
b	1.082

$$a = [(\sum Y * \sum X^2) - (\sum X * \sum XY)]/[(N \sum X^2) - (\sum X)^2]$$

$$b = [(N \sum XY) - (\sum X * \sum Y)]/(N \sum_X 2 - (\sum X)^2)$$

$$Y = a + bX$$

$$\boldsymbol{Y = 45,710 + 1082\, X}$$

3. Recalcular los datos de la demanda desestacionalizada para cada período histórico.

Con la ecuación de la recta obtenida se recalcula la demanda desestacionalizada para cada período, tal como se muestra a continuación:

Año	Trimestre	Período (X)	Demanda histórica (Y)	Demanda desestacionalizada (Ȳ)	Recálculo dem desestacionalizada (Y = 30,594 + 708X)
2016	3	1	12.000		31.302
2016	4	2	20.000		32.010
2017	1	3	37.000	31,125	32.718
2017	2	4	54.000	32,375	33.426
2017	3	5	15.000	33,000	34.134
2017	4	6	27.000	33,250	34.842
2018	1	7	35.000	34,375	35.550
2018	2	8	58.000	34,000	36.258
2018	3	9	20.000	34,875	36.966
2018	4	10	19.000	37,250	37.674
2019	1	11	50.000		38.382
2019	2	12	62.000		39.090

4. Cálculo del coeficiente estacional.
   El coeficiente estacional se obtiene como cociente entre los datos de la demanda histórica y los de la demanda desestacionalizada para cada período, tal como se muestra.

Año	Trimestre	Período (X)	Demanda histórica (Y)	Recálculo dem desestacionalizada (Y = 30,594 + 708X)	Coeficiente estacional S
2016	3	1	12.000	31.302	0,38
2016	4	2	20.000	32.010	0,62
2017	1	3	37.000	32.718	1,13
2017	2	4	54.000	33.426	1,62
2017	3	5	15.000	34.134	0,44
2017	4	6	27.000	34.842	0,77
2018	1	7	35.000	35.550	0,98
2018	2	8	58.000	36.258	1,60
2018	3	9	20.000	36.966	0,54
2018	4	10	19.000	37.674	0,50
2019	1	11	50.000	38.382	1,30
2019	2	12	62.000	39.090	1,59

5. Cálculo del coeficiente estacional promedio.
   En este caso se procede a calcular el coeficiente estacional promedio de cada trimestre en particular, vale decir, el coeficiente estacional promedio por trimestre será el promedio de los coeficientes estacionales obtenidos por cada trimestre durante el período en estudio. De esta manera, obtendremos el coeficiente estacional promedio del trimestre 1, del trimestre 2, del trimestre 3 y, al concluir, el del trimestre 4. Los cálculos se muestran a continuación:

Trimestre	Coeficiente Estacional Promedio
3	0.45
4	0.63
1	1.14
2	1.60

6. Efectuar la estimación, por cada período futuro solicitado, según la fórmula general.

Se pide realizar el estimado de ventas para los períodos 13, 14, 15 y 16. Para ello se aplica la fórmula general:

$Y = (a + bX) * \hat{S}$

Con los cálculos efectuados se convierte en:

$Y = (30{,}594 + 708X) * \hat{S}$

En donde:

X = períodos.

Ŝ = coeficiente estacional promedio.

Los cálculos solicitados, por último, son los siguientes:

Año	Trimestre	Período (X)	Demanda histórica (Y)
2016	3	1	12.000
2016	4	2	20.000
2017	1	3	37.000
2017	2	4	54.000
2017	3	5	15.000
2017	4	6	27.000
2018	1	7	35.000
2010	2	8	58.000
2018	3	9	20.000
2018	4	10	19.000
2019	1	11	50.000
2019	2	12	62.000
2019	3	13	17.909
2019	4	14	25.519
2020	1	15	46.984

2. **Pronóstico mediante el uso del promedio móvil simple**
   Esta técnica se usa cuando no es importante incluir los factores tendenciales ni cíclicos. De manera sencilla, obtiene los pronósticos a partir del promedio de un número de períodos, el cual será el pronóstico del siguiente período. Para obtener el pronóstico del subsiguiente período se descarta el período más antiguo y se le agrega el más reciente y se vuelve a promediar con esta nueva serie, y así de manera sucesiva. La fórmula es la siguiente:

$$Y_x = (Y_1 + Y_2 + \cdots . Y_n)/n$$

   En donde:
   Y_x = demanda promedio del período x
   Y = demanda real del período n..
   n = número de períodos.

Problema 3.2: Pronóstico mediante el uso del promedio móvil simple

De acuerdo a los datos del problema anterior, se pide realizar el pronóstico mediante el uso del promedio móvil simple para los siguientes 4 trimestres (períodos del 13 al 16), suponiendo que estamos a finales del trimestre 2 del año 2019. Los datos a usar se muestran en la tabla adjunta.

Año	Trimestre	Período (X)	Demanda histórica (Y)
2018	3	9	20,000
2018	4	10 1	9,000
2019	1	11	50,000
2019	2	12	62,000

Solución

La solución se muestra en la tabla siguiente, en donde la última columna incluye los pronósticos solicitados en estricta aplicación de la fórmula y operatividad planteada, vale decir, por ejemplo, para el cálculo del pronóstico del trimestre 3 del año 2019, se procede así:

$$Y_{13} = (Y_9 + Y_{10} + \cdots . Y_{12})/4 = (20\ 000 + 19\ 000 + 50\ 000 + 62\ 000)\ /\ 4 = 37\ 750$$

Para el trimestre 4 del año 2019, y asumiendo que ya tenemos la demanda real del trimestre 3 del año 2019, que se muestra en la columna de demanda real de la tabla en referencia en el área sombreada, el cálculo es:

$$Y_{14} = (Y_{10} + Y_{11} + \cdots . Y_{13})/4 = (19\ 000 + 50\ 000 + 62\ 000 + 19\ 200)\ /\ 4 = 37\ 550$$

Y así, de forma consecutiva, para los otros trimestres.

Año	Trimestre	Período (X)	Demanda histórica (Y)	Pronóstico prom móvil simple
2018	3	9	20.000	
2018	4	10	19.000	
2019	1	11	50.000	
2019	2	12	62.000	
2020	3	13	19.200	37.750
2020	4	14	24.100	37.550
2020	1	15	44.800	38.825
2020	2	16	68.400	37.525

3. **Pronóstico mediante el uso del promedio móvil ponderado**

Esta técnica es similar a la anterior, pero incluye pesos o ponderaciones para cada período a fin de obtener el pronóstico respectivo. En general, se les otorga mayores pesos a los períodos más recientes.

La fórmula es la siguiente:

$$Y_x = (P_1 Y_1 + P_2 Y_2 + \cdots . P_n Y_n)$$

En donde:

Y = demanda real del período n.

n = número de períodos.

P = peso o ponderación en tanto por uno (la suma de todos los pesos debe ser igual a 1).

Problema 3.3: Pronóstico mediante el uso del promedio móvil ponderado

De acuerdo a los datos del problema anterior, se pide realizar el pronóstico mediante el uso del promedio móvil ponderado para los siguientes 4 trimestres (períodos del 13 al 16) suponiendo que estamos a finales del trimestre 2 del año 2019. Los datos a usar se muestran en las tablas adjuntas.

Año	Trimestre	Período (X)	Demanda histórica (Y)
2018	3	9	20.000
2018	4	10	19.000
2019	1	11	50.000
2019	2	12	62.000

Período (X)	Pesos
x-4	0,1
x-3	0,2
x-2	0,3
x-1	0,4

Solución

La solución se muestra en la tabla siguiente, en donde la última columna incluye los pronósticos solicitados en estricta aplicación de la fórmula y operatividad planteada, vale decir, por ejemplo, para el cálculo del pronóstico del trimestre 3 del año 2019, se procede así:

$$Y_{13} = (0{,}1 * 20\,000) + (0{,}2 * 19\,000) + (0{,}3 * 50\,000) + (0{,}4 * 62\,000) = 45\,600$$

Para el trimestre 4 del año 2019, y asumiendo que ya tenemos la demanda real del trimestre 3 de ese año, que se muestra en la columna de demanda real de la tabla en referencia en el área sombreada, el cálculo es:

$$Y_{14} = (0{,}1 * 19\,000) + (0{,}2 * 50\,000) + (0{,}3 * 62\,000) + (0{,}4 * 19\,200) = 38\,180$$

Y así, de forma consecutiva, para los otros trimestres.

Año	Trimestre	Período (X)	Demanda histórica (Y)	Pronóstico prom móvil simple
2018	3	9	20.000	
2018	4	10	19.000	
2019	1	11	50.000	
2019	2	12	62.000	
2020	3	13	19.200	45.600
2020	4	14	24.100	38.180
2020	1	15	44.800	32.800
2020	2	16	68.400	35.190

Problemas propuestos

Problema 3.4: Pronóstico mediante el uso de series de tiempo
Romsa es una empresa industrial situada en Lima que, entre otras cosas, produce alimentos en conservas, que vende a distribuidoras situadas en todo el territorio nacional, con las cuales ha concertado realizar un solo estimado de ventas, que sirva para todos los integrantes de la cadena de abastecimiento. Para ello, ha recabado la información de ventas históricas en unidades que se muestra en el cuadro adjunto. Se pide realizar el pronóstico de ventas para los siguientes 4 trimestres usando la técnica de series de tiempo.

Año	Trimestre	Período (X)	Demanda histórica (Y)
2017	1	1	18,000
2017	2	2	30,000
2017	3	3	57,000
2017	4	4	79,000
2018	1	5	22,000
2018	2	6	41,000
2018	3	7	53,000
2018	4	8	87,000
2019	1	9	30,000
2019	2	10	28,000
2019	3	11	75,000
2019	4	12	92,000

Problema 3.5: Pronóstico mediante el uso del promedio móvil simple

De acuerdo a los datos del problema anterior, se pide realizar el pronóstico mediante el uso del promedio móvil simple para los siguientes 4 trimestres (períodos del 13 al 16) suponiendo que estamos a finales del trimestre 4 del año 2019. Los datos a usar se muestran en la tabla adjunta.

Año	Trimestre	Período (X)	Demanda histórica (Y)
2019	1	9	30,000
2019	2	10	28,000
2019	3	11	75,000
2019	4	12	92,000

Problema 3.6: Pronóstico mediante el uso del promedio móvil ponderado

Basándose en los datos del problema anterior, se pide realizar el pronóstico mediante el uso del promedio móvil ponderado para los siguientes 4 trimestres (períodos del 13 al 16) suponiendo que estamos a finales del trimestre 4 del año 2019. Los datos a usar se muestran en las tablas adjuntas.

Año	Trimestre	Período (X)	Demanda histórica (Y)
2019	1	9	30,000
2019	2	10	28,000
2019	3	11	75,000
2019	4	12	92,000

Período (X)	Pesos
x-4	0.05
x-3	0.1
x-2	0.15
x-1	0.7

Capítulo 4

El aprovisionamiento

Concepto

El aprovisionamiento es un conjunto de procesos requeridos para adquirir bienes o servicios.

Sus principales procesos son:

- Evaluación, homologación y selección de proveedores.
- Evaluación y selección de ofertas.
- Realización, seguimiento y conformidad de compras.
- Planificación del aprovisionamiento.

El objetivo de la función de aprovisionamiento es asegurar la disponibilidad de los materiales necesarios y requeridos, en el momento adecuado y al mínimo coste posible, teniendo en cuenta las prioridades competitivas de la organización en lo que se refiere a coste, calidad, servicio y tiempo... una adecuada gestión del aprovisionamiento, dado su carácter estratégico, puede llevar a la empresa hacia la consecución de ventajas competitivas (Alfalla, 2016).

El papel y ocupaciones del responsable del aprovisionamiento

Papel tradicional	Papel actual
Contable de las transacciones.	Gestor del intercambio de información.
Administrador de contratos entre empresas.	Guía para el establecimiento de las relaciones que constituyen la cadena de suministros.
Punto de contacto primario de la empresa con proveedores externos.	Director de la «fábrica externa».
Responsabilidad de la interface con el proveedor directo.	Responsabilidad en toda la cadena del valor.
Minimizar el riesgo para la organización que compre.	Dirigir y nivelar las capacidades de los elementos de la cadena de suministros.
Mejora del proceso de compra.	Mejoras en toda la cadena de suministros.
Reacción ante estímulos externos.	Actuar de forma práctica.
Salvaguarda de la información propiedad de la empresa.	Centro de información a compartir entre *partners*.
Comunicación en una dirección.	Comunicación bidireccional.
Actitud localista en la resolución de problemas.	Enfoque sistémico para la resolución de problemas.

Ocupaciones del responsable del aprovisionamiento

Enfoque tradicional

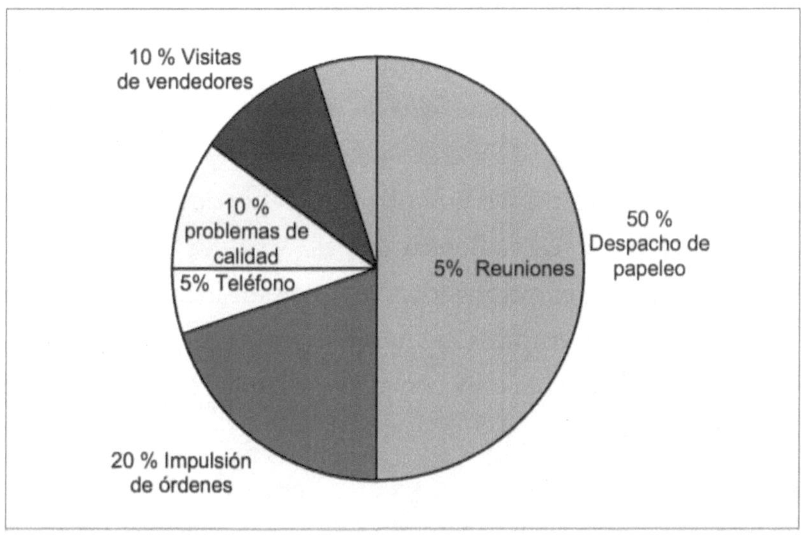

Enfoque moderno

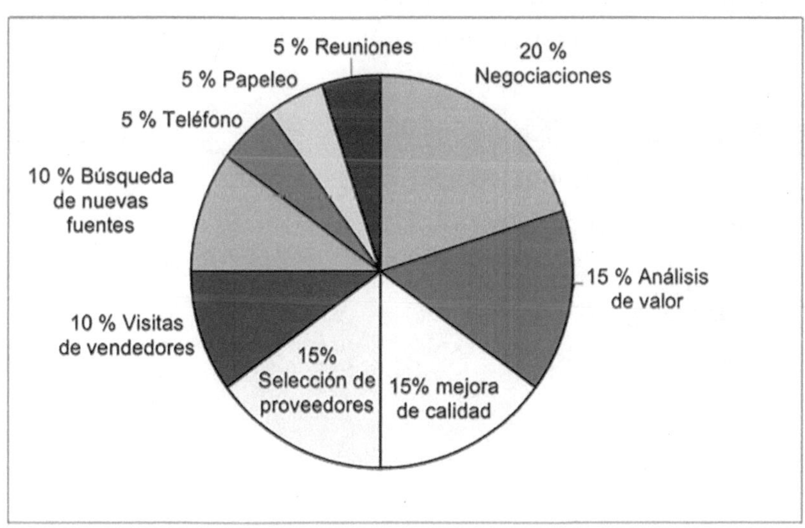

El proceso de las compras

1. El responsable por la recepción, atención, seguimiento y recepción del pedido.
2. Los criterios básicos a tomar en cuenta para la decisión de compra son: precio, plazo de entrega, calidad y forma de pago.
3. Unos pesarán más que otros en el particular caso de la atención de los pedidos urgentes.
4. El objetivo, en principio, no es comprar lo más barato posible, sino optimizar el trinomio precio, plazo y calidad.
5. En tal sentido es muy conveniente contar con una cartera de proveedores.

Ejemplo de procedimiento de generación de orden de compra en una empresa de confecciones

1. Objetivo:

Uniformizar y controlar el proceso de Generación de órdenes compra (avíos, tela, servicios de bordado y estampado).

2. Alcances:

Este procedimiento aplica a la generación de la orden de compra y/o servicio.

3. Responsables:

Jefe de Logística.

4. Actividades:

4.1 Negociar con el proveedor precio según cantidad requerida de tela, avío y/o servicios de estampado o bordado.

4.2 Planeamiento proporciona la fecha de entrega por las órdenes de compra y/o servicio.

4.3 Coordinación con el proveedor para la fecha de entrega de Avíos.

4.4 Confirmar la capacidad del material con el proveedor.

4.5 Tener la aprobación del material debidamente firmado por el cliente.

4.6 Girar la orden de compra con las especificaciones del material aprobado y según orden de producción.

4.7 Constatar que el pedido llegue en la fecha programada según orden.

Ejemplo de orden de compra en una empresa de confecciones

Orden de Avios

COTTONTECH
Cotton Tech S.A.C.
R.U.C. 20506160708
Psje San Lorenzo 1355 Surquillo Lima 34
Telf: 445 6510 telefax: 241 8345

ORDEN DE COMPRA Nro. 001

Proveedor	CINTAS GENERALES S.A.
Atención	Srta. Magaly
Dirección	

Cantidad	und.	DESCRIPCION
261	Carretes	**ELASTICO TRENSILLA** COLOR : NEGRO ANCHO : 10mm
261	Carrets	

SON : SIETE MIL SEISCIENTOS NUEVE con 46/ 100 N

		Ref.: Cityscape top disco recomp. 1/2 y 3

Orden de estampado

R.U.C. 20506160708

Psje San Lorenzo1355 Surquillo Lima 34
Telf: 445 6510 telefax: 241 8345

EMPRESA	PRECOTEX
ĂĔÆÈÅŒÈ	Srta. Elsa Zarate
DIRECCION	Av. Sta. Maria no.296 Urb. Aurora
RUC :	20306781252
ÆĂĞ	311-2350

ÆÆÅĈĂ ĄÆÆÈĔËÆĆĂZ Đ ČÆËÅÉ ĎÆË RX ĄÆĂĆÉ ĒĔÉN

Cantidad	DESCRIPCION
	SERVICIO DE ESTAMPADO
	ESTAMPADO EN DELANTERO-FLORES
499 Und.	Delantero color BLANCO Talla XS
1,037 Und.	Delantero color BLANCO Talla S
1,195 Und.	Delantero color BLANCO Talla M
610 Und.	Delantero color BLANCO Talla L
560 Und.	Delantero color AMARILLO Talla XS

Evaluación de proveedores y comparación de ofertas

Los criterios básicos a tomar en cuenta para evaluar proveedores y comparar sus ofertas son los siguientes:

1. precio,
2. plazo de entrega,
3. calidad,
4. forma de pago,
5. servicio de posventa.

Ejemplos de evaluación de proveedores

MEDICION DE PROVEEDORES

17 al 20	A	BUENO
12 al 16	B	REGULAR
1 al 11	C	MALO

			EVALUACION				
PROVEEDOR	MATERIAL	TIEMPO DE PROCESO	ENTREGA	CALIDAD	COSTO	RESULTADO	CALIFICACION
CINTAS - BORLON - TWILL - CORDON							
ARBONA	BORLON	15 DIAS	2	4	5	11	MALO
	BRETEL	15 A 20 DIAS	4	5	5	14	REGULAR
	SATINADAS	17 DIAS.	6	4	5	15	REGULAR
ETIQUETAS INDUSTRIALES	TWILL	10 DIAS	4	5	6	15	REGULAR
	CORDON	15 DIAS	4	5	6	15	REGULAR
INTEX	CINTA RIGIDA	20 DIAS	5	5	6	16	REGULAR
LUVITEX	CORDON-TWILL	7 DIAS	4	5	6	15	REGULAR
CORP REY	GRECA	15 DIAS	4	4	6	14	REGULAR
CIERRE							
CORP REY	CIERRES	20 DIAS	5	6	6	17	BUENO
COMERCIAL NABISA (GAMARRA)	CIERRES	5 DIAS	6	4	5	15	REGULAR
CAJAS							
PAPELERA DEL SUR	CAJAS DE CARTON	15 DIAS	3	5	6	14	REGULAR
EMPAQUES Y CORRUGADOS	CAJAS DE CARTON	8 DIAS	5	4	3	12	REGULAR
INCAPSA	CAJAS DE CARTON	20 DIAS	5	5	4	14	REGULAR
BOLSAS							
UNIONPLAST	BOLSAS CY ZONE	15 DIAS	2	3	5	10	MALO
MIKYPLAST S.A.	BOLSA POLIET/POLIPR	23 DIAS	5	6	5	16	REGULAR

Cuadro de puntuación

Puntaje		Aprobado/ desaprobado
520 - 300	Muy bueno	Aprobado
299 - 200	Bueno	Aprobado
199 - 140	Regular	Observado
139 - 01	Malo	Desaprobado

Criterios de evaluación

Precio			Ponderación de garantía		
Bueno	Mediano	Malo	Mejor garantía	Mediana garantía	Menor garantía
6	3	1	6	3	1
Ponderación condiciones de pago			**Puntaje cert calidad**		
90 a más	≥30, <90	30<	ISO	Local	No
6	3	1	6	3	1

GAF-LI-F-03
Versión : 1
Fecha: 03/06/2014

Evaluación de proveedores, máquina-eqipo y servicio de reparación

Ponderados	G.I.1	50	G.I.2	25	G.I.3	15	G.I.4	10			
Nombre del proveedor	Precio		Garantía		Condiciones de pago		Certificado de calidad		Resultado de evaluación		
	Comparación	Puntos	Valoración	Puntos	Tiempos/ días	Puntos	Situación	Puntos	Puntaje	Aprobado/ desaprobado	Observaciones
ALEJANDRO TERENCIO PACHECO IRIARTE	mediano	3	mejor garantia	6	15	1	local	3	345	Aprobado	Muy bueno
CORREO PRIVADO SAC	bueno	6	mejor garantia	6	15	1	local	3	495	Aprobado	Muy bueno
EHS ECOGECO E.I.R.L	bueno	6	mejor garantia	6	0	0	iso	6	510	Aprobado	Muy bueno
EMPRESA DE TRANSPORTES SOL DE AMERICA E. I. R. L.	bueno	6	mejor garantia	6	15	1	local	3	495	Aprobado	Muy bueno
EXTINTORES STAR VID S.A.C	bueno	6	mejor garantia	6	15	1	local	3	495	Aprobado	Muy bueno
FLORES BERNABE JOSE LUIS	bueno	6	mejor garantia	6	10	1	local	3	495	Aprobado	Muy bueno
JOLBERZON LEIVANO VICENTE PACHECO	bueno	6	mejor garantia	6	15	1	local	3	495	Aprobado	Muy bueno
LABECO ANÁLISIS AMBIENTALES SRL	bueno	6	mejor garantia	6	30	3	local	3	525	Desaprobado	Malo
LOGISTICA LOS OLIVOS S.A. AGENCIA DE ADUANA	bueno	6	mejor garantia	6	30	3	local	3	525	Desaprobado	Malo
MAQUISERVICIOSPERU SAC.	mediano	3	mejor garantia	6	15	1	local	3	345	Aprobado	Muy bueno
SERVICIO DE CALIBRACION Y LABORATORIO SAC	mediano	3	mejor garantia	6	15	1	local	3	345	Aprobado	Muy bueno
STEIN NAZARIO NUÑURE GARCIA	mediano	3	mejor garantia	6	0	0	local	3	330	Aprobado	Muy bueno
TRITON TRADING S.A	mediano	3	mejor garantia	6	30	3	iso	6	405	Aprobado	Muy bueno
J.O. LIMPIEZA Y FUMIGACION E.I.R.L.	mediano	3	mediana garantia	3	30	3	local	3	300	Aprobado	Muy bueno

Cuadro de puntuación

Puntaje		Aprobado/ desaprobado
520 - 300	Muy bueno	Aprobado
299 - 200	Bueno	Aprobado
199 - 140	Regular	Observado
139 - 01	Malo	Desaprobado

Criterios de evaluación

Puntaje cumplim entrega			Puntaje condiciones de pago/otorga crédito		
>75 %, ≤100 %	≥50 %, ≤75 %	< 50%	Sí	No	
6	3	1	2	1	
Puntaje cert calidad			**Puntaje transporte**		
ISO	**Local**	**No**	**Sí**	**Condicionado**	**No**
6	3	1	6	3	1

GAF-LI-F-02
Versión : 1
Fecha: 03/06/2014

Evaluación de proveedores

Ponderados	G.I.1	40	G.I.2	30	G.I.3	20	G.I.4	10			
Nombre del proveedor	Cumplimiento de entrega		Certificación de la calidad*		Condiciones de pago		Transporte		Resultado de la evaluación		
	Cumplimiento %	Puntos	Certificado	Puntos	Crédito	Puntos	Situación	Puntos	Puntaje	Aprobado/ desaprobado	Observaciones
A&A REPRESENTACIONES Y SERVICIOS SRL	80%	3	local	3	si	2	NO	1	260	-1	-1
ACORSA PERU S.A.C.	80%	6	local	3	si	2	NO	1	380	-1	-1
ALCAM7 SAC	100%	6	local	3	no	1	NO	1	360	-1	-1
BRANIF PERU S.A.C	95%	6	local	3	no	1	NO	1	360	-1	-1
COMERCIAL DISTRIBUIDORA BAYONA S.A.C.	80%	6	iso	6	si	2	NO	1	470	-1	-1
COROIMPORT S.A.C.	80%	6	iso	6	si	2	NO	1	470	-1	-1
CORPORACION EXPORTADORA RAMIREZ S.A.C	80%	6	iso	6	si	2	NO	1	470	-1	-1
DISTRIBUIDORA CRISTEL S.A.C.|	75%	3	local	3	si	2	NO	1	260	-1	-1
DISTRIBUIDORA MULTIPRODUCTOS ACUÑA EIRL	75%	3	local	3	si	2	NO	1	260	-1	-1
FAMALAB S.A.C.	75%	3	local	3	no	1	NO	1	240	-1	-1
FUMALUX S.R.LTDA.	80%	6	local	3	si	2	NO	1	380	-1	-1
GASES Y TECNOLOGIA SRL	80%	6	local	3	si	2	NO	1	380	-1	-1
GLOBAL PERU NORTE S.A.C.	80%	6	local	3	no	1	NO	1	360	-1	-1
GLONS INVERSIONES E.I.R.L.	80%	6	local	3	no	1	NO	1	360	-1	-1
IMP. Y DIST. DE RETENES RODAMIENTOS Y AFINES S.A	80%	6	local	3	no	1	NO	1	360	-1	-1
IMPORTADORA FERRETERA Y SOLDADURAS S A|	80%	6	local	3	si	2	NO	1	380	-1	-1
LIFT PARTS & SERVICE S.A.C.	80%	6	local	3	no	1	NO	1	360	-1	-1
LUBECA PERUANA S.A.	80%	6	local	3	no	1	NO	1	360	-1	-1
MAESTRO HOME CENTER S.A.C.	80%	6	local	3	no	1	NO	1	360	-1	-1
MEGA REPRESENTACIONES S.A.	80%	6	local	3	si	2	NO	1	380	-1	-1
MEGAFLOW S.A.C.	80%	6	local	3	si	2	NO	1	380	-1	-1
OLANO RAMOS GINO	100%	6	local	3	no	1	NO	1	360	-1	-1
PRODUCTOS GALVANIZADOS SIEBEC, S.L.|	100%	6	local	3	no	1	SI	6	410	-1	-1
SERCOM J&P S.R.L.	100%	6	local	3	no	1	SI	6	410	-1	-1
SIRIUS DISTRIBUIDORA S.A.C.	100%	6	local	3	si	2	SI	6	430	-1	-1
SOLUCIONES QUIMICAS DEL PERU S.A	80%	6	local	3	no	1	SI	6	410	-1	-1
SONEPAR PERU S.A.C.	80%	6	local	3	no	1	SI	6	410	-1	-1
SYNTHEC SOLUTIONS SAC	80%	6	local	3	no	1	SI	6	410	-1	-1
TAI LOY S.A.	80%	6	local	3	no	1	SI	6	410	-1	-1
TECNIFAJAS S.A	80%	6	local	3	si	2	SI	6	430	-1	-1
TRADI S.A	80%	6	iso	6	si	2	SI	6	520	-1	-1
ZAMTSU CORPORACION SRL.	80%	6	iso	6	no	1	SI	6	500	-1	-1
ZETA GAS ANDINO S.A	80%	6	iso	6	si	2	SI	6	520	-1	-1

Problema 4.1: Evaluación de proveedores por el método de calificación de factores

La empresa Capiba SA quiere realizar una evaluación de sus proveedores de máquinas compresoras. Para ello cuenta con la información mostrada en el cuadro 1.

Por otro lado, se cuenta con los cuadros de calificación de precios, plazos de garantía, condiciones de pago y certificación de calidad mostrados en los cuadros 2, 3, 4 y 5.

Según todo lo mencionado con anterioridad, determine:

1. ¿Cuál es la empresa mejor calificada?
2. ¿Cuál es su puntaje final?

Usar el cuadro 6, cuadro de evaluación de proveedores.

Capiba SA

Cuadro 1. Proveedores de compresoras neumáticas

Proveedor	Ultimo precio ofertado (S/.)	Plazo de garantía (meses)	Condiciones de pago (meses)	Certificación de calidad
Grafisaga SA	2.500	3	6	ISO
Venser SRL	2.300	6	12	ISO
More SA	2.200	6	18	No tiene
Avance Sa	2.400	9	9	No tiene
Serinfo EIRL	2.600	12	3	ISO

Capiba SA		
Cuadro 2. Calificación de precios de proveedores		
Intérvalos de precios (S/.)	**Calificación**	**Puntaje**
Menos de 2,300	Bueno	6
2,300 a 2,500	Regular	3
Mas de 2,500	Malo	1

Capiba SA		
Cuadro 3. Calificación de plazo de garantía		
Intérvalos de tiempo	**Calificación**	**Puntaje**
Menos de 6 meses	Malo	1
6 meses a 12 meses	Regular	3
Mas de 12 meses	Bueno	6

Capiba SA		
Cuadro 4. Calificación de condiciones de pago		
Intérvalos de tiempo	**Calificación**	**Puntaje**
Menos de 6 meses	Malo	1
6 meses a 12 meses	Regular	3
Mas de 12 meses	Bueno	6

Capiba SA		
Cuadro 5. Calificación de certificacion de calidad		
Certificación	**Calificación**	**Puntaje**
ISO	Bueno	6
No tiene	Malo	1

Capiba SA

Cuadro 6. Evaluación de proveedores de compresoras neumáticas

Proveedor	Puntaje de precios	Puntaje de plazo de garantía	Puntaje de condiciones de pago	Puntaje de certificación de calidad	Puntaje final (suma de los anteriores)
Grafisaga SA					
Venser SRL					
More SA					
Avance Sa					
Serinfo EIRL					

Solución

Capiba SA

Cuadro 6. Evaluación de proveedores de compresoras neumáticas

Proveedor	Puntaje de precios	Puntaje de plazo de garantía	Puntaje de condiciones de pago	Puntaje de certificación de calidad	Puntaje final (suma de los anteriores)
Grafisaga SA	3	1	3	5	12
Venser SRL	3	5	3	5	16
More SA	5	3	5	1	14
Avance Sa	3	3	3	1	10
Serinfo EIRL	1	3	1	5	10

La empresa mejor calificada es Venser SRL.

1. Su puntaje final es de 16.

Problema 4.2: Evaluación por el método de calificación de ofertas

La empresa Min SA necesita realizar el mantenimiento de sus hornos de pintado. Para ello cotiza con dos de sus mejores proveedores. La oferta técnica presentada por cada uno de ellos se muestra en el cuadro 1 y la oferta económica en el cuadro 2.

Por otro lado, se cuenta con los cuadros de calificación de todos y cada uno de los factores, tanto de la oferta técnica como de la oferta económica, los cuales se muestran en los cuadros del 3 al 7.

Según lo mencionado con anterioridad, determine:

1. ¿Cuál es la empresa mejor calificada y ganadora?
2. ¿Cuál es su puntaje final?

Usar los cuadros 8, 9 y 10 para tal fin.

MINSA

Cuadro 1. Cotización para limpieza de hornos de pintado

Oferta técnica					
Proveedor	**Retiro de óxido**	**Limpieza**	**Pintado**	**Pruebas**	**Servicios adicionales**
Predimas SAC	Sí	No	Sí	No	Sí
Factoría SRL	No	Sí	No	Sí	No

MINSA

Cuadro 2. Cotización para limpieza de hornos de pintado

Oferta económica				
Proveedor	**Precio (S/.)**	**Condiciones de pago (meses)**	**Plazo de entrega (meses)**	**Plazo de garantía (meses)**
Predimas SAC	5.500	3	2	6
Factoría SRL	6.500	12	1	9

MINSA

Cuadro 3. Calificación de los factores técnicos

Concepto	Incluye en oferta	Puntaje
Retiro de óxido	Sí	10
	No	0
Limpieza	Sí	10
	No	0
Pintado	Sí	10
	No	0
Pruebas	Sí	10
	No	0
Servicios adicionales	Sí	10
	No	0

MINSA

Cuadro 4. Calificación de precios de proveedores

Intérvalos de precios (S/.)	Calificación	Puntaje
Menos de 5000	Bueno	10
5000 a 6000	Regular	5
Mas de 6000	Malo	1

MINSA

Cuadro 5. Calificación de condiciones de pago

Intérvalos de tiempo	Calificación	Puntaje
Menos de 6 meses	Malo	1
6 meses a 12 meses	Regular	5
Más de 2 meses	Bueno	10

MINSA

Cuadro 6. Calificación de plazo de entrega

Intérvalos de tiempo	Calificación	Puntaje
Menos de 1 mes	Bueno	10
1 mes a 2 meses	Regular	5
Más de 2 meses	Malo	1

MINSA

Cuadro 7. Calificación de plazo de garantía

Intérvalos de tiempo	Calificación	Puntaje
Menos de 6 meses	Malo	1
6 meses a 12 meses	Regular	5
Más de 2 meses	Bueno	10

MINSA

Cuadro 8. Evaluación de la oferta técnica

	Puntaje obtenido					
Proveedor	Retiro de óxido	Limpieza	Pintado	Pruebas	Servicios adicionales	Puntaje total
Predimas SAC						
Factoría SRL						

MINSA

Cuadro 9. Evaluación de la oferta económica

Puntaje obtenido					
Proveedor	Precio (S/.)	Condiciones de pago (meses)	Plazo de entrega (meses)	Plazo de garantía (meses)	Puntaje total
Predimas SAC					
Factoría SRL					

MINSA

Cuadro 10. Evaluación final

Proveedor	Puntaje obtenido	
	Evaluación técnica	Evaluación económica
Predimas SAC		
Factoría SRL		

Solución

MINSA

Cuadro 8. Evaluación de la oferta técnica

Proveedor	Puntaje obtenido					
	Retiro de óxido	Limpieza	Pintado	Pruebas	Servicios adicionales	Puntaje total
Predimas SAC	10	0	10	0	10	30
Factoría SRL	0	10	0	10	0	20

MINSA

Cuadro 9. Evaluación de la oferta económica

Proveedor	Puntaje obtenido				
	Precio (S/.)	Condiciones de pago (meses)	Plazo de entrega (meses)	Plazo de garantía (meses)	Puntaje total
Predimas SAC	5	1	5	5	16
Factoría SRL	1	5	5	5	16

MINSA

Cuadro 10. Evaluación final

Puntaje obtenido			
Proveedor	**Evaluación técnica**	**Evaluación económica**	**Puntaje final**
Predimas SAC	30	16	46
Factoría SRL	20	16	36

1. La empresa mejor calificada y ganadora es Predimas SAC.
2. Su puntaje final es de 46.

Problema 4.3: Evaluación de proveedores por el método del costo total

Sanguinetti SA, un fabricante de tubos de escape para autos, siempre ha comprado un millar de arandelas especiales por semana, a un proveedor local, que le cobra 1 sol por arandela. Sin embargo, el área de logística ha identificado a un proveedor potencial que le ofrece lo mismo, pero a 0,97 soles. Cabe señalar que el tiempo de espera promedio del actual proveedor es de 2 semanas y el suministro lo hace en lotes de 2000 artículos. Asimismo, las estadísticas de su desempeño establecen que la desviación estándar del tiempo de espera es de 1 semana.

Por otro lado, el proveedor potencial requiere que el lote mínimo de pedido sea de 8000 artículos y su tiempo de espera es de 6 semanas con una desviación estándar de 4 semanas.

En Sanguinetti SA el costo de mantenimiento anual de un artículo en el inventario se estima en un 25 % del costo de dicho artículo, y la empresa pretende alcanzar un nivel de servicio del

95 % para una demanda semanal promedio de 1000 arandelas, con una desviación estándar de 300.

A usted le han pedido que evalúe al proveedor potencial y determine si acepta o no su oferta, para lo cual deberá tomar en cuenta tanto el costo de la arandela como su costo de mantenimiento de inventario.

Solución

La evaluación se hará a partir de la comparación del costo total de mantenimiento del inventario del proveedor actual frente al proveedor potencial sobre una base anual. Dicho costo total incluirá tanto el costo total del artículo, como el costo de mantenimiento del stock de ciclo o normal, más el costo de mantenimiento del *stock* de seguridad. Las fórmulas a emplear son las siguientes:

Costo total = costo total del artículo + costo de mantenimiento del *stock* de ciclo o normal + costo de mantenimiento del *stock* de seguridad.

A su vez:

Costo total del artículo = $\boldsymbol{D * c}$

En donde, D = demanda del artículo y c = costo unitario del artículo.

Costo de mantenimiento del *stock* de ciclo o normal = $\frac{Q}{2} * K$

En donde, Q = tamaño del lote a pedir y K = costo de mantenimiento de un artículo en el inventario.

Costo de mantenimiento del *stock* de seguridad = SS * K

En donde SS = *stock* de seguridad.

SS = Z(c) * SD(TE)

En donde:

Z(p) = estimador insesgado obtenido según la tabla de distribución normal estándar, r para una distribución de probabilidad p (ver tabla en apéndice).

SD (dte) = desviación estándar de la demanda durante el tiempo de espera.

$$SD(dte) = \sqrt{}(L * SD^2 + D^2 * Sl^2$$

En donde:

SD = desviación estándar de la demanda.

L = tiempo de espera promedio.

Sl = desviación estándar del tiempo de espera.

D = demanda del artículo.

Por consiguiente, sobre una base anual:

Costo total del proveedor actual.

Costo total del artículo = 1000 * 52 * 1 = 52 000

Costo de mantenimiento del *stock* de ciclo o normal

$$= \frac{2{,}000}{2} * (0.25 * 1) = 250$$

Para obtener el costo de mantenimiento del *stock* de seguridad, hay que realizar algunos cálculos previos:

SD (dte) = $\sqrt{}$ (2 * 300^2 + 1000^2 * 1^2) = 1086,28

SS = Z (95 %) * 1086,28 = .645 * 1086,28 = 1786,93

Entonces, aplicando la fórmula:

Costo de mantenimiento del *stock* de seguridad

= 1786,93 * (0,25 * 1) = 446,77

Al finalizar:

Costo total = 52 000 + 250 + 446,77 = 52 696,77

Costo total del proveedor potencial:

Costo del material = 1000 * 52 * 0,97 = 50 440

Costo de mantenimiento del *stock* de ciclo o normal

$$= \frac{8{,}000}{2} * (0.25 * 0.97) = 970$$

Para obtener el costo de mantenimiento del *stock* de seguridad, hay que realizar algunos cálculos previos:

SD (dte) = $\sqrt{(6 * 300^2 + 1000^2 * 4^2)}$ = 4066,94

SS = Z (95 %) * 4066,94 = 1645 * 4066,94 = 6690,11

Entonces, aplicando la fórmula:

Costo de mantenimiento del *stock* de seguridad

= 6690,11 * (0,25 * 0,97) = 1622,35

Al finalizar:

Costo total = 50 440 + 970 + 1622,35 = 53 032,35

Entonces, no se debe aceptar la oferta del proveedor potencial, al tener un mayor costo total que el proveedor actual.

Problemas propuestos

Problema 4.4: La empresa Ivansa quiere realizar una evaluación de sus proveedores de máquinas CNC. Para ello, cuenta con la información mostrada en el cuadro 1.

Por otro lado, se cuenta con los cuadros de calificación de precios, plazos de garantía, condiciones de pago y certificación de calidad mostrados en los cuadros 2, 3, 4 y 5.

Según todo lo mencionado con anterioridad, determine:

1. ¿Cuál es la empresa mejor calificada?
2. ¿Cuál es su puntaje final?

Usar el cuadro 6, cuadro de evaluación de proveedores.

IVANSA

Cuadro 1. Proveedores de máquinas CNC

Proveedor	Ultimo precio ofertado (US $)	Plazo de garantía (meses)	Condiciones de pago (meses)	Certificación de calidad
BELL TOP USA	234.000	12	12	No tiene
XIN MIN CORP	176.000	6	6	No tiene
KRAUSS VENDEL CORP	256.000	18	18	ISO

IVANSA

Cuadro 2. Calificación de precios de proveedores

Intervalos de precios (S/.)	Calificación	Puntaje
Menos de 200,000	Bueno	5
200,000 a 250,000	Regular	3
Más de 250,000	Malo	1

IVANSA

Cuadro 3. Calificación de plazo de garantía

Intérvalos de tiempo	Calificación	Puntaje
Menos de 6 meses	Malo	1
6 meses a 12 meses	Regular	3
Más de 12 meses	Bueno	5

IVANSA

Cuadro 4. Calificación de condiciones de pago

Intérvalos de tiempo	Calificación	Puntaje
Menos de 6 meses	Malo	1
6 meses a 12 meses	Regular	3
Más de 12 meses	Bueno	5

IVANSA

Cuadro 5. Calificación de certificacion de calidad

Certificación	Calificación	Puntaje
ISO	Bueno	5
No tiene	Malo	1

IVANSA

Cuadro 6. Evaluación de Proveedores de Máquinas CNC

Proveedor	Puntaje de precios	Puntaje de plazo de garantía	Puntaje de condiciones de pago	Puntaje de certificacion de calidad	Puntaje final (suma de los anteriores)
BELL TOP USA					
XIN MIN CORP					
KRAUSS VENDEL CORP					

Solución

IVANSA

Cuadro 6. Evaluación de Proveedores de Máquinas CNC

Proveedor	Puntaje de precios	Puntaje de plazo de garantía	Puntaje de condiciones de pago	Puntaje de certificacion de calidad	Puntaje final (suma de los anteriores)
BELL TOP USA	3	3	3	1	10
XIN MIN CORP	5	3	3	1	12
KRAUSS VENDEL CORP	1	5	5	5	16

Problema 4.5: La empresa Orpi necesita realizar el mantenimiento de su torre de lavado de gases. Para ello, cotiza con dos de sus mejores proveedores. La oferta técnica presentada por cada uno de ellos se muestra en el cuadro 1 y la oferta económica en el cuadro 2.

Por otro lado, se cuenta con los cuadros de calificación de todos y cada uno de los factores tanto de la oferta técnica como de la oferta económica, los cuales se muestran en los cuadros del 3 al 7.

Según lo mencionado de manera previa, determine:

1. ¿Cuál es la empresa mejor calificada y ganadora?
2. ¿Cuál es su puntaje final?

Usar los cuadros 8, 9 y 10 para tal fin.

ORPI

Cuadro 1. Cotización para mantenimiento de torre de lavado de gases

	Oferta técnica				
Proveedor	**Reforzamiento de estructuras**	**Pintado**	**Cambio de filtros**	**Monitoreo y control de gases**	**Capacitación para mantenimiento básico**
Arauca SAC	No	Sí	No	Sí	No
Acrosa	Sí	No	Sí	No	Sí

ORPI

Cuadro 2. Cotización para mantenimiento de torre de lavado de gases

	Oferta económica			
Proveedor	**Precio (US $)**	**Condiciones de pago (meses)**	**Plazo de entrega (meses)**	**Plazo de garantía (meses)**
Arauca SAC	12.100	18	0,5	18
Acrosa	9.900	6	2	6

ORPI

Cuadro 3, Calificación de los factores técnicos

Concepto	Incluye en oferta	Puntaje
Reforzamiento de estruc	Sí	10
	No	0
Pintado	Sí	10
	No	0
Cambio de filtros	Sí	10
	No	0
Monitoreo y control de gases	Sí	10
	No	0
Capacitación para mantenimiento básico	Sí	10
	No	0

ORPI

Cuadro 4. Calificación de precios de proveedores

Intérvalos de precios (S/.)	Calificación	Puntaje
Menos de 5000	Bueno	10
5000 a 10 000	Regular	5
Más de 10 000	Malo	1

ORPI

Cuadro 5. Calificación de condiciones de pago

Intérvalos de tiempo	Calificación	Puntaje
Menos de 6 meses	Malo	1
6 meses a 12 meses	Regular	5
Más de 12 meses	Bueno	10

ORPI

Cuadro 6. Calificación de plazo de entrega

Intérvalos de tiempo	Calificación	Puntaje
Menos de 1 mes	Bueno	10
1 mes a 2 meses	Regular	5
Más de 2 meses	Malo	1

ORPI

Cuadro 7. Calificación de plazo de garantía

Intérvalos de tiempo	Calificación	Puntaje
Menos de 6 meses	Malo	1
6 meses a 12 meses	Regular	5
Más de 12 meses	Bueno	10

ORPI

Cuadro 8. Evaluación de la oferta técnica

Puntaje obtenido						
Proveedor	Reforzamiento estruc	Pintado	Cambio de filtros	Monitoreo y control de gases	Capacitación para mantenimiento básico	Puntaje total
Arauca SAC						
Acrosa						

ORPI					
Cuadro 9. Evaluación de la oferta económica					
Puntaje obtenido					
Proveedor	**Precio (S/.)**	**Condiciones de pago (meses)**	**Plazo de entrega (meses)**	**Plazo de garantía (meses)**	**Puntaje total**
Arauca SAC					
Acrosa					

ORPI			
Cuadro 10. Evaluación final			
Puntaje obtenido			
Proveedor	**Evaluación técnica**	**Evaluación económica**	**Puntaje final**
Arauca SAC			
Acrosa			

Solución

ORPI						
Cuadro 8. Evaluación de la oferta técnica						
Puntaje obtenido						
Proveedor	**Reforzamiento estruc**	**Pintado**	**Cambio de filtros**	**Monitoreo y control de gases**	**Capacitación para mantenimiento básico**	**Puntaje total**
Arauca SAC	0	10	0	10	0	20
Acrosa	10	0	10	0	10	30

ORPI

Cuadro 9. Evaluación de la oferta económica

Puntaje obtenido					
Proveedor	Precio (S/.)	Condiciones de pago (meses)	Plazo de entrega (meses)	Plazo de garantía (meses)	Puntaje total
Arauca SAC	1	10	10	10	31
Acrosa	5	5	5	5	20

ORPI

Cuadro 10. Evaluación final

Puntaje obtenido			
Proveedor	Evaluación técnica	Evaluación económica	Puntaje final
Arauca SAC	20	31	51
Acrosa	30	20	50

Problema 4.6: Evaluación de proveedores por el método del costo total

Bari SA, una empresa ensambladora de motocicletas, adquiere los motores para dichas motocicletas, de un fabricante local, a razón de 450 motores por mes a un costo de 300 dólares por motor.

La jefatura del área de logística ha recibido una propuesta de un proveedor potencial, quien le ofrece los mismos motores, pero a 240 dólares.

El tiempo de espera promedio del proveedor local es de 1 mes con una desviación estándar de 15 días y coloca el pedido en lotes de 1350 motores.

En cuanto al proveedor potencial, el lote mínimo que requiere es de 2700 motores, con un tiempo de espera de 3 meses y una desviación estándar de 1 mes.

En Bari SA se estima que el costo de mantenimiento anual de un artículo en el inventario es del 30 % de su costo, y la empresa considera que debe tener un nivel de servicio del 99 %, siendo la demanda mensual de motores de 450 con una desviación estándar de 50 motores.

Le han pedido que evalúe la propuesta del proveedor potencial y sugiera acerca de si debe o no aceptar su oferta.

Capítulo 5

El almacén

Almacén. Concepto

Es un lugar diseñado de manera especial para acumular materiales o artículos, en espera de ser utilizados o vendidos con posterioridad.

«Espacio planificado para la ubicación y manipulación eficiente de materiales y mercancías» (Anaya, 2011).

Stock o inventario

Es el conjunto de materiales o artículos que la empresa almacena.

«Los inventarios o stocks son el conjunto de mercancías acumuladas a la espera de una posterior utilización» (Alfalla, 2016).

Objetivo de un almacén

Satisfacer la demanda de sus materiales o artículos al mínimo costo de operación y de gestión.

Clases de almacén

Criterio empleado	Clases de almacén
Naturaleza del producto almacenado	Almacén de materias primas
	Almacén de productos en proceso
	Almacén de productos terminados
	Otros almacenes (de piezas de recambio, lubricantes, partes o retazos, etc.)
Grado de centralización	Almacén centralizado
	Almacén descentralizado
Situación geográfica y función realizada	Almacén central o regulador
	Almacén regional o de aproximación
	Almacén de tránsito o cross-docking
Función en la red logística	Almacén de consolidación
	Almacén de fraccionamiento
Forma de gestionar la ubicación de los productos	Almacén de posición fija
	Almacén de posición aleatoria o caótica
	Almacén por clases
Tiempo de permanencia en almacén	Almacén de depósito
	Almacén de distribución
Propiedad del almacén	Almacén propio
	Almacén subcontratado

Fuente: Alfalla (2016). Gestión estratégica de la cadena de suministro.

Partes de un almacén

Las partes que conforman un almacén se basan, de forma fundamental, en tres procesos básicos que realiza: entradas al almacén, salidas del almacén y almacenaje propiamente. De acuerdo a ello, podemos identificar las siguientes zonas:

- zona de descarga,
- zona de verificación y conformidad,
- zona de almacenamiento,
- zona de preparación del pedido,
- zona de carga,
- zona administrativa y de servicios.

Principios básicos para organizar un almacén

Un almacén se debe organizar de acuerdo a lo siguiente:

1. Maximizar el uso del espacio disponible (en m^2 y m^3).
2. Minimizar la manipulación y recorrido de los materiales y artículos (Anaya, 2011).

Tipos de diseño de almacén

A continuación, se muestran algunos de los diseños básicos que puede adoptar un almacén como formas puras, ya que lo usual son los diseños híbridos:

Diseño en I

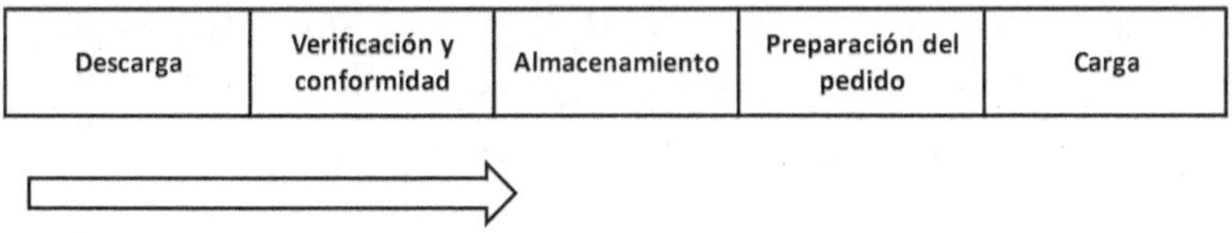

Descarga	Verificación y conformidad	Almacenamiento	Preparación del pedido	Carga

Diseño en U

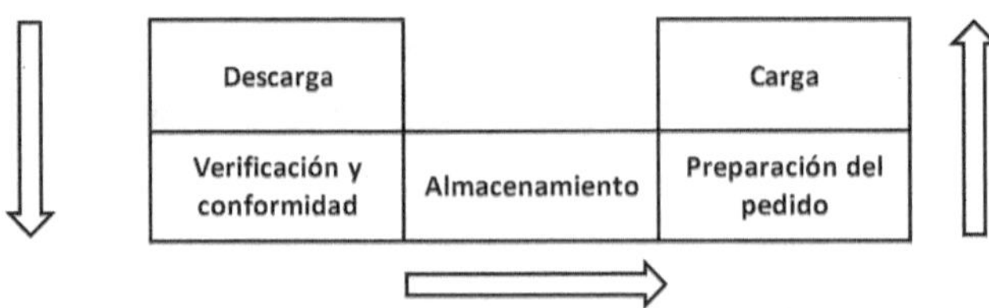

Diseño en T

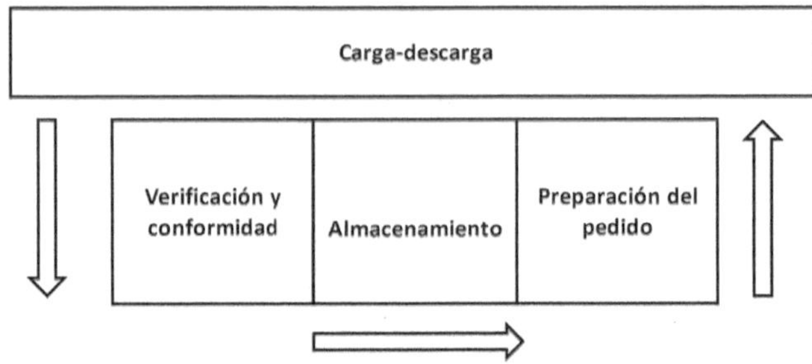

Localización del almacén

Para temas de localización del almacén existen varias herramientas. A continuación, vamos a presentar una de ellas, que consiste en la aplicación del método de carga-distancia.

Método de carga-distancia

«El método de carga-distancia es un modelo matemático utilizado para evaluar ubicaciones, basado en factores de proximidad. El objetivo es seleccionar un lugar que minimice la suma de las cargas multiplicadas por la distancia recorrida por ellas» (Krajewski y cols., 2013).

Si por ejemplo, se desea saber en dónde podría estar localizada una distribuidora de cerveza que atiende en determinada área, a un grupo de clientes distribuidos, según lo mostrado en el plano adjunto, la idea sería encontrar una ubicación que minimice la suma de las cargas por la distancia que dichas cargas recorrerían. A esta suma se le denomina calificación carga-distancia. La fórmula sería:

$$CL = \sum c * d$$

En donde:

CL = calificación carga-distancia.

C = carga para cada sitio.

D = distancia rectilínea entre cada sitio en términos de sus coordenadas (x, y) y las del centro de gravedad.

La localización específica está definida por pares de valores o coordenadas (x, y). Se conoce también como longitud y latitud.

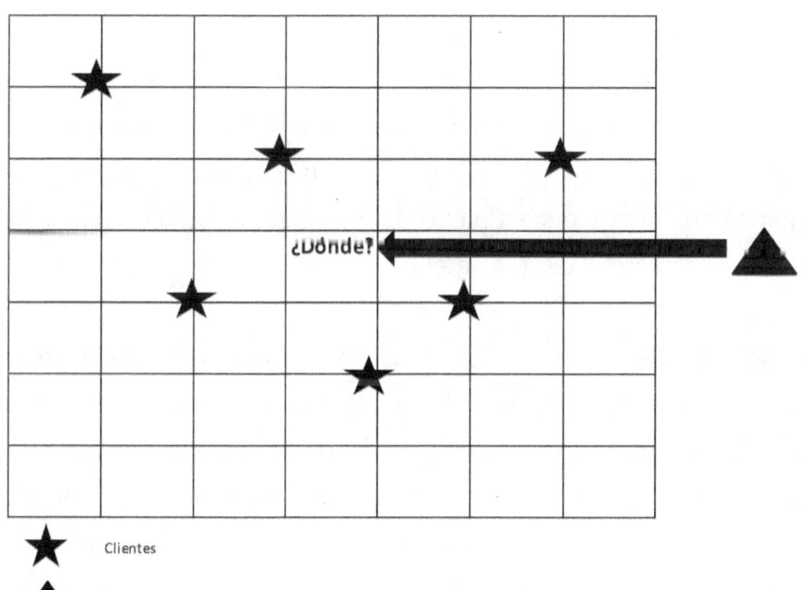

Centro de gravedad

El cálculo del centro de gravedad, como lugar de ubicación conveniente, utiliza el método de carga distancia para evaluar posibles ubicaciones en el área involucrada, a partir de las coordenadas x e y de cada sitio y las cargas correspondientes a transportar. Dicho de otra manera:

Ubicación sugerida = centro de gravedad = (X*, Y*).

En donde:

$$X^* = \frac{\sum cx}{\sum c}$$

$$Y^* = \frac{\sum cy}{\sum c}$$

c = cargas para cada sitio.
x = abscisa de cada sitio (longitud).
y = ordenada de cada sitio (latitud).

Cabe señalar que esta ubicación sugerida es una primera aproximación, no es la óptima en términos de distancia, pero nos da una buena pista a partir de los cuales se pueden hacer los ajustes correspondientes en el campo o realidad del terreno.

Problema 5.1: Un joven egresado de una conocida universidad tiene como primer emprendimiento dedicarse a la distribución al por mayor, de materiales para la construcción, para lo cual ha estimado que la mayor parte de su demanda estará ubicada en 7 localidades, tal como se muestra en el cuadro adjunto, en donde también se definen sus respectivas ubicaciones en coordenadas x e y. Basándose en ello, sugiera la mejor ubicación para su distribuidora. Use el cálculo del centro de gravedad y califique esta propuesta.

		Coordenadas	
Localidad	**Toneladas**	**X**	**Y**
Lince	3		
San Miguel	25	7	4
San Borja	23	12	11
Ate	12	13	5
SJL	71	11	7
Comas	4	14	13
Ventanilla	46	15	6

Solución

	C	Coordenadas				ABS	ABS	Sum ABS x
Localidad	**Toneladas**	**x**	**y**	**Cx**	**Cy**	**x - X**	**y - Y**	**C**
Lince	3	7	4	21	12	5,06	5,85	32,74
San Miguel	35	12	11	420	385	0,06	1,15	42,40
San Borja	23	13	5	299	115	0,94	4,85	133,14
Ate	12	11	7	132	84	1,06	2,85	46,95
SJL	71	14	13	994	923	1,94	3,15	361,22
Comas	4	15	6	60	24	2,94	3,85	27,15
Ventanilla	46	9	8	414	368	3,06	1,85	225,97
Total	194			2.340	1.911			870

X $\frac{\text{Sum Cx}}{\text{SumC}}$ $\frac{3823}{443}$ 8,53

Y $\frac{\text{Sum Cy}}{\text{SumC}}$ $\frac{1816}{443}$ 4,10

Calificación Sumatoria de: {ABS (x - X) + ABS (y - Y) } * C = 870

La distribuidora debe estar ubicada en las coordenadas (12.06, 9.85).

La calificación del sitio es de 870.

Problemas propuestos

Problema 5.2: Usted ha emprendido el negocio de distribución de abarrotes, para lo cual ha estimado que la mayor parte de su demanda estará ubicada en 7 localidades, tal como se muestra en el cuadro adjunto, en donde también se definen sus respectivas ubicaciones en coordenadas x e y. De acuerdo a ello, y usando el método del centro de gravedad, sugiera la ubicación probable y determine la calificación carga-distancia.

	C	Coordenadas	
Localidad	**Miles cajas**	**X**	**Y**
Lima	120	8	2
Canta	45	8	8
Cañete	82	15	3
Huarochiri	33	12	6
Barranca	76	2	1
Huaral	58	5	7
Yauyos	29	15	10

Solución

	C	Coordenadas				ABS	ABS	Sum ABS x
Localidad	**Miles cajas**	**x**	**y**	**Cx**	**Cy**	**x - X**	**y - Y**	**C**
Lima	120	8	2	960	240	0,63	2,10	327,49
Canta	45	8	8	360	360	0,63	3,90	203,87
Cañete	82	15	3	1230	246	6,37	1,10	612,50
Huarochiri	33	12	6	396	198	3,37	1,90	173,94
Barranca	76	2	1	152	76	6,63	3,10	739,41
Huaral	58	5	7	290	406	3,63	2,90	378,77
Yauyos	29	15	10	435	290	6,37	5,90	355,86
Total	443			3.823	1.816			2.792

$$X \quad \frac{\text{Sum Cx}}{\text{SumC}} \quad \frac{3823}{443} \quad 8{,}63$$

$$Y \quad \frac{\text{Sum Cy}}{\text{SumC}} \quad \frac{1816}{443} \quad 4{,}10$$

Calificación — Sumatoria de: {ABS (x - X) + ABS (y - Y) } * C = 2.792

Capítulo 6

La gestión de stocks o inventarios en el almacén

La gestión de stocks o inventarios plantea, como tal, objetivos contradictorios.

Por un lado, se pretende almacenar la menor cantidad posible de artículos, para minimizar los costos de almacenamiento, lo que lograría un bajo nivel de servicio o atención de pedidos, y por el otro lado, se pretende almacenar la cantidad de artículos suficientes para evitar la rotura de los *stocks* y así lograr el máximo nivel de servicio, en cuyo caso el costo de almacenamiento se incrementará.

La idea es trabajar con herramientas que permitan gestionar un determinado *stock* que no solo minimice el costo total de mantenerlo sino que, de forma paralela, garantice de alguna manera, el logro de un determinado nivel de servicio o atención de pedidos establecidos por la empresa.

Sistemas de gestión de stocks

Cualquier sistema de gestión de *stocks* debe responder de manera puntual a dos preguntas:

1. ¿Cuánto pedir?
2. ¿Cuándo pedir?

En función de ello se considera los siguientes sistemas:

Sistema pull (jalar el artículo)

En una red de almacenes donde, por ejemplo, cada almacén calcula por sí mismo y de manera independiente la reposición de su *stock*, vale decir, qué artículo pedir, cuándo pedir y cuánto pedir. Aquí se puede usar el modelo de Wilson.

Sistema push (empujar el artículo)

En este sistema, dentro de la red de almacenes, es el almacén central quien determina las necesidades de los demás almacenes, en lo que concierne a qué artículo pedir, cuándo pedir y cuánto pedir. Para ello, se apoya en métodos estadísticos de pronóstico, estimando la cantidad a enviar a cada almacén, tomando en cuenta sus saldos y los protocolos de atención establecidos de manera puntual.

Sistema de doble estantería

Se basa en la comprobación visual de los saldos de un artículo. Para ello, se colocan dos estantes por artículo. Cuando uno de ellos se vacía, entonces se hace el pedido de reposición de inmediato, en tanto se hace uso de los artículos del otro estante. Este sistema se usa, en su mayoría, con artículos de clase C o de baja rotación y valor, según clasificación aplicando el principio de Pareto.

Sistema de supermercados

Se mantiene en *stock* el equivalente a la venta de un determinado período, por ejemplo 5 días, y luego se le va reponiendo a diario el volumen vendido en ese día. El período mencionado debe ser calculado de tal manera que incluya el tiempo de espera para reponer el artículo en particular.

Sistema de revisión continua

En este sistema se actualiza de manera inmediata el *stock* registrado después de cada transacción. En este caso es fundamental contar con un buen soporte informático. Se usa mucho en la gestión de grandes almacenes con gran variedad de artículos y alta rotación.

Sistema de revisión periódica

Para conocer el nivel de *stock* y realizar pedidos se hacen recuentos de cada producto cada cierto tiempo. Se emplea cuando hay poca variedad de artículos y pocas unidades por artículo.

Clases de stocks

Según su función:

1. *Stock* normal o de ciclo: *stock* necesario para atender la demanda normal de la empresa.
2. *Stock* de seguridad: es el volumen de existencias por encima del *stock* normal que se mantiene para evitar roturas de *stock*.
3. *Stock* de especulación y anticipación: es el que se mantiene al comprar y almacenar más de lo habitual para aprovechar precios bajos o como anticipación a una posible subida de precios.

Según su vida útil:

1. artículos perecederos,
2. artículos no perecederos,
3. artículos con fecha de caducidad.

Según la actividad de la empresa

1. Empresas comerciales
   - mercaderías,
   - artículos complementarios (bolsas, papel, cartón, cinta adhesiva, etc.),
   - artículos obsoletos, defectuosos y deteriorados.

2. Empresas industriales
   - materias primas,
   - productos en proceso,
   - productos terminados,
   - repuestos (reparar averías),
   - suministros industriales.

El modelo de Wilson

Es un modelo matemático aplicado a la gestión de los *stocks* que pretende responder a las dos preguntas básicas que se plantea en toda gestión de los *stocks*: cuánto pedir y cuándo pedir.

Lo hace a partir del cálculo matemático del tamaño del lote a pedir (*Economic Order Quantity* [EOQ], cantidad económica de pedido) y del punto de pedido, pero minimizando el costo total del *stock*, es decir, reduciendo el costo de hacer un pedido y el costo de mantener una unidad en el almacén.

Si se expone de manera gráfica, el tamaño del lote que minimiza el costo total del *stock* se obtiene en el punto de mínimo costo.

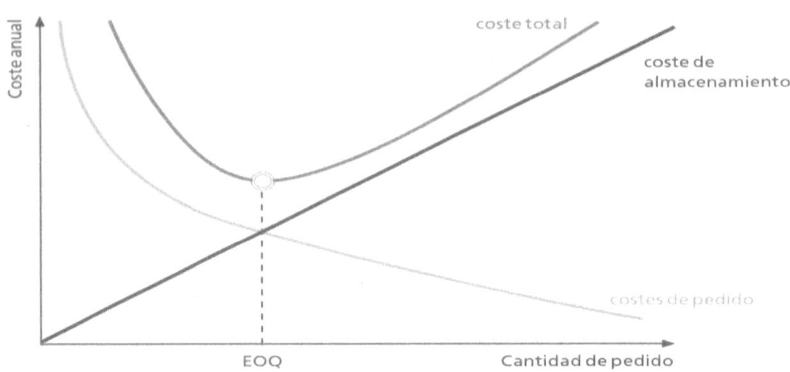

Fórmulas matemáticas a emplear

Cálculo del costo total del *stock*
CTS = CS + CPS + CMS + CMSs
En donde:
CTS = costo total del *stock*.
CS = costo del *stock*.
CPS = costo de pedidos de *stock*.
CMS = costo de mantenimiento del *stock* de ciclo o normal.
CMSs = costo de mantenimiento del *stock* de seguridad.

- CS= D *c

D = demanda del artículo.
c = costo del artículo.

- $\text{CPS} = p * (\frac{D}{Q})$

p = costo de hacer un pedido.
Q* = lote de pedido (óptimo).

- CMS = $K * (\frac{Q*}{2})$

K = costo de mantenimiento de un artículo en el almacén.

- CMSs = K * Ss

Ss = *stock* de seguridad
Cálculo del tamaño del lote óptimo de pedido

$$Q^* = \sqrt{\frac{2pD}{K}}$$

Q* = tamaño del lote que hace mínimo el costo total del *stock*

Representación gráfica del modelo de Wilson

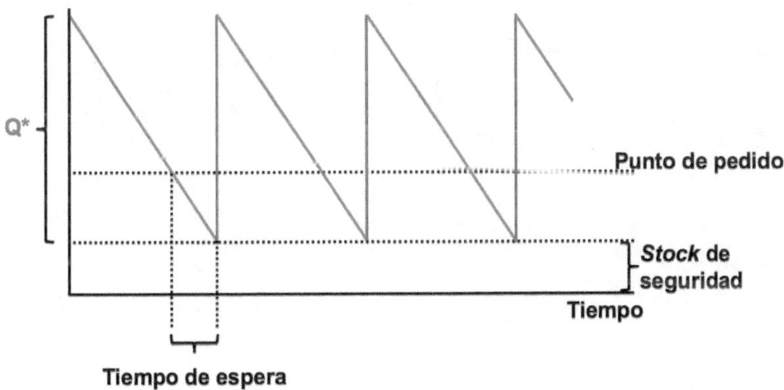

Ejemplo de determinación del punto de pedido y tamaño del lote de artículos de clasificación A en una empresa metal mecánica

Codigo	Descripción	Und.	Familia
010500000026	Plancha estruc. 6.00 mm x 1500 mm x 6000 mm A-36 (1/41)	Pza.	Materia prima
010500000015	Plancha estruc. 450 mm x 1500 mm x 6000 mm A-36 (3/16)	Pza.	Materia prima
010500000041	Plancha estruc. 8.00 mm x 1500 mm x 6000 mm A-36 (5/16)	Pza.	Materia prima
010500000024	Plancha estruc. 9.00 mmx 1500 mm x 6000 mm A-36 (3/8)	Pza.	Materia prima
010100000150	Ángulo 45 mm x 63 x 6000 mm QB5B (A-36)	Pza.	Materia prima
010500000025	Plancha estruc. 12.00 mm x 1500 mm x 6000 mm A-36 (1/2")	Pza.	Materia prima
010100000153	Ángulo 10.0 mm x 12..5 x 6000 mm Q345B (A-572)	Pza.	Materia prima
010400000004	Barra red., usa 5/8" x 6000 mm A-36	Pza.	Materia prima
011400000001	Tubo red. liviano 2 1/2" x 6400 mm (3.0 mm)	Pza.	Materia prima
021800000005	Tuercahex. 5/8" NCG-5 galv.	Pza.	Pernería
190600000042	Malla expanded metal 1.22 x 2.44 mt mod: 06	Pza.	Materia prima
14040000012	Cable TW 50 mm² amarillo	Mt.	Suministro de torre
021000000009	Perno hex. 1/2" NC x 2 G" 5 RCD. galv.	Pza.	Pernería
130100000004	Cable cobre desnudo de 50 mm² temple suave	Mt.	Suministro de torre
010100000106	Ángulo 3/8" x 4" x 6000 mm A-572 G" 50	Pza.	Materia prima
010500000017	Plancha estruc. 25.00 mm x 1500 mm x 6000 mm A-36 (1")	Pza.	Materia prima
018000000004	Tuercahex. 1/2"- NCG-5 galv.	Pza.	Pernería
01200000009	Tubo red. estruc. 2" x 6400 mm (3.0 mm)	Pza.	Materia prima
021000000012	Perno hex. 5/8" NC x 2" G" 5 R.CD. galv.	Pza.	Pernería
010400000003	Barra red. Usa 1/z-x 6000 mm a-36	Pza.	Materia prima
010500000037	Plancha. Estruc.19.00 Mm xl500 mm x 6000 mm A-3613/4"1	Pza.	Materia prima
010100000005	angulo 3/16"x 21/z-x6000mma-36	Pza.	Materia prima
021000000013	Perno hex. 5/8" Ncx 21/2"6" 5c/c3/8"galv.	Pza.	Pernería
040200000002	Argonmix- 2 0	M 3	Suministro de producción
010500000070	Plancha estruc. 32.00 mm x 2400 mm x 6000 A-361 (1/4")	Pza.	Materia prima
010500000050	Plancha estruc. 16.00 mm x 1500 mm x 6000 mm A-36 (5/8)	Pza.	Materia prima
130100000001	Cable acero ehs 3/8" tipo retenida galv. (1 x 7)	Mtr.	Suministro de torre
060500000004	Soldadura carbofil 1.0 er 70 S6 soldexa	Kl.	Suministro de producción
011500000005	Tubo sch 40 6" A-53	Mt.	Materia prima
011100000004	Tubo cuadrado 3 mm x 3" x 6000 mm A-36	Pza.	Materia prima

		Punto de pedido		Lote económico de compra (EOQ)		Número de compras	
Stock mínimo	Stock de seguridad	Cálculo	Final	Cálculo del EOQ	Final	Año	Obsservaciones
6	4	10	10	10	35	12	Serecomienda realizar pedidosde 35 por mes
6	3	9	9	11	32	12	Serecomienda realizar pedidosde 32 por mes
3	2	5	5	6	17	12	Serecomienda realizar pedidosde 17 por mes
2	1	3	3	3	11	12	Serecomienda realizar pedidosde 11 por mes
43	26	69	70	89	220	12	Serecomienda realizar pedidosde 220 por mes
1	1	2	2	3	8	12	Serecomienda realizar pedidosde 8 por mes
8	5	13	15	16	35	12	Serecomienda realizar pedidosde 35 por mes
51	31	82	85	173	300	12	Serecomienda realizar pedidosde 300 por mes
20	12	32	34	52	110	12	Serecomienda realizar pedidosde 110 por mes
7.488	4,493	11,981	12,000	22,516	44,000	12	Serecomienda realizar pedidosde 44000 por mes
122	41	163	165	20	40	12	Serecomienda realizar pedidosde 40 por mes
268	89	357	360	274	1,000	6	Serecomienda realizar pedidosde 1000 por mes
3,793	2,276	6,068	6,100	10,913	22,000	12	Serecomienda realizar pedidosde 22000 por mes
258	86	344	350	292	1,000	12	Serecomienda realizar pedidosde 1000 por mes
6	4	10	10	16	28	12	Serecomienda realizar pedidosde 28 por mes
0	0	1	1	1	2	10	Serecomienda realizar pedidosde 2 por mes
12,270	7,362	19,632	19,700	37,210	68,000	12	Serecomienda realizar pedidosde 68 por mes
12	7	19	20	47	70	12	Serecomienda realizar pedidosde 70 por mes
1,871	1,123	2,994	3,000	6,104	11,000	12	Serecomienda realizar pedidosde 11000 por mes
42	25	67	70	196	250	12	Serecomienda realizar pedidosde 250 por mes
0	0	1	1	1	2	12	Serecomienda realizar pedidosde 2 por mes
5	3	8	8	24	24	12	Serecomienda realizar compra mensual
1,125	675	1,800	1,800	4,478	6,500	12	Serecomienda realizar pedidosde 5500 por mes
54	32	86	90	211	300	12	Serecomienda realizar pedidosde 300 por mes
0	0	0	1	0	1	8	Compra bajo requerimiento
0	0	0	1	1	2	10	Serecomienda realizar pedidosde 35 por mes
176	105	281	300	795	1,000	12	Serecomienda realizar pedidosde 35 por mes
175	105	280	300	608	1,000	12	Serecomienda realizar pedidosde 35 por mes
10	5	16	18	36	50	12	Serecomienda realizar pedidosde 35 por mes
6	3	9	9	22	30	12	Serecomienda realizar pedidosde 35 por mes

Problema 6.1: La demanda de computadoras personales de escritorio en Hiroki SA es de 450 unidades por mes. Esta empresa incurre en un costo fijo por el transporte y la recepción de 2500 soles cada vez que se coloca un pedido. El costo de cada computadora es de 650 soles y el costo anual de mantener una computadora en el inventario es de 75 soles. Por otro lado, la empresa ha establecido este año como política mantener un *stock* de seguridad de 50 computadoras.

1. Calcular el tamaño del lote de pedido óptimo (cuánto pedir).
2. Calcular cada cuánto tiempo pedir (cuándo pedir).
3. Determinar el costo total anual de mantenimiento del *stock* en el almacén

Solución

1. $Q^* = \sqrt{2pD/K} = \sqrt{(2 * 2{,}500 * 450 * 12)/75} = 600.00$ unidades

2. Número de pedidos por año = D/ Q = (450 * 12) / 600,00 = 9 pedidos, entonces.

TP = días del año/número de pedidos = 365/9 = 40,56 días.
En donde: TP = tiempo transcurrido para hacer un pedido.
Debemos hacer un pedido cada 40,56 días

3. $CTS = D^*c + p * (\frac{D}{Q}) + K * (\frac{Q*}{2}) + K * Ss$

$$CTS = 450*12*650 + 2{,}500 * (\frac{450*12}{600.00}) + 75 * (\frac{600.00}{2}) + 75 * 50$$

CTS = 3'558,750.00 Soles

Problema 6.2: El proveedor extranjero de Hiroki le ha solicitado que realice sus pedidos con un volumen de 480 computadoras, en vista de sus limitaciones con el tamaño de los contenedores con los cuales importa las computadoras. Como contraparte, el proveedor le ofrece una compensación anual equivalente al costo de dos computadoras. Evalúe la propuesta y sugiera si debe o no aceptar la oferta.

Solución

- Se sabe que el tamaño del lote óptimo es de 600 unidades y nos están pidiendo que lo reduzcamos a 480.
- En el nivel del lote óptimo el costo total del *stock* es de CTS = 3 558 750 soles.
- Se debe proceder a calcular cual sería el costo total del *stock* para un tamaño de lote de 480 y luego comparar este costo con el obtenido con el lote óptimo.
- Al costo adicional así obtenido se le debe enfrentar con la compensación propuesta por el proveedor y ver si el efecto neto es un saldo a favor o en contra y según ello, decidir. El cuadro adjunto en Excel resume este procedimiento.

Q*	CS	CPS	CMS	CMSs	CTS
600,00	3.510.000,00	22.500,00	22.500,00	3.750,00	3.558.750,00

Q*	CS	CPS	CMS	CMSs	CTS
480,00	3.510.000,00	28.125,00	18.000,00	3.750,00	3.559.875,00

Costo adic.	1.125,00
Compensac.	1.300,00
Saldo	175,00

En términos del costo total del *stock*, el costo adicional por reducir el tamaño del lote de pedido a 480 computadoras es de 1125 soles anuales. Sin embargo, la compensación del proveedor, para el mismo período alcanza los 1300 soles, por lo que, al finalizar, queda un saldo a favor de la empresa como ahorro de 175 soles anuales. Por consiguiente, Hiroki debe aceptar la oferta del proveedor y reducir el tamaño de su lote de pedido a 480 computadoras.

Problema 6.3: La gerencia de Hiroki quiere aumentar el tamaño de lote óptimo de sus pedidos, de 600 a 850 computadoras. Manteniendo constantes los demás factores, ¿a cuánto debería ascender el nuevo costo de sus pedidos para mantener al mínimo el costo total del *stock*?

Solución

Si Q* = $\sqrt{2pD/K}$, entonces p = $(Q^2 * K)/2D$

Por consiguiente:

P = = $(850^2 * 75)/(2 * (450*12))$ = 5,017.36 Soles

Problema 6.4: Lobesa es una pequeña pero pujante empresa comercializadora de cerveza artesanal prémium. La venta de este producto, en botellas de 355 ml de la marca Fest, representa un gran porcentaje de sus ventas y ha estimado que sus ventas mensuales estarán en el orden de las 10 000 botellas. La empresa calcula que el costo de hacer un pedido es de 100 soles y que además el costo de mantener una botella en el almacén, durante un año, asciende al 20 % del costo unitario del artículo.

El proveedor de cerveza Fest le ha propuesto a Lobesa que acceda a los descuentos por cantidad ordenada, según lo mostrado en la tabla adjunta.

Cantidad ordenada (botellas)	Cost unit. (soles)
0-4999	3,00
5000-9999	2,96
10 000 a más	2,92

A usted le han pedido que sugiera, de acuerdo a los descuentos en el costo unitario ofrecidos, cual es el tamaño del lote a ordenar.

Solución

Por cada valor del costo unitario ofrecido en cada intervalo de cantidad ordenada, se calcula, de acuerdo al modelo de Wilson, el costo total del *stock*, lo que se muestra a continuación.

p	100
D	10.000
Período	12
c1	3,00
% costo mant	20,00
K	0,60
	40.000.000

Q*	CS	CPS	CMS	CMSs	CTS
6324,56	360.000,00	1.897,37	1.897,37	0,00	363.794,73

p	100
D	10.000
Período	12
c2	2,96
% costo mant	20,00
K	0,59
	40.540.541

Q*	CS	CPS	CMS	CMSs	CTS
6367,15	355.200,00	1.884,68	1.884,68	0,00	358.969,35

p	100
D	10.000
Período	12
c3	2,92
% costo mant	20,00
K	0,58
	41.095.890

Q*	CS	CPS	CMS	CMSs	CTS
6410,61	350.400,00	1.871,90	1.871,90	0,00	354.143,79

Puede notarse que el menor costo total del *stock* se da con un costo unitario de 2,92, por consiguiente, el tamaño del lote a pedir debe encontrarse en el intervalo que contiene este costo unitario. En tal sentido, el lote a pedir será de 10 000 botellas.

El costo total del *stock* para este tamaño de lote será de:

p	100
D	10.000
Período	12
c3	2,92
% costo mant	20,00
K	0,58

Q*	CS	CPS	CMS	CMSs	CTS
10000,00	350.400,00	1.200,00	2.920,00	0,00	354.520,00

Problema 6.5: Uso del diagrama ABC en la gestión de stocks

La empresa Minsa quiere llevar un mejor control de sus inventarios en almacenes de los artículos que se muestran en la tabla adjunta. Se pide clasificar dichos artículos según lo siguiente:

1. Método de clasificación ABC por costo unitario.
2. Método de clasificación ABC por valor de inventario.
3. Método de clasificación ABC por consumo y valor.

Deberá hacerlo para cada caso asignando los porcentajes siguientes:

A = 20 %, B = 30 % y C = 50 %.

Costo/mes	Costo ($/Kg)						Invent exist (kg)	Consumo prom (kg)
Artículo	Enero	Febrero	Marzo	Abril	Mayo	Junio		
Ángulos mayores a 4"	0,90	0,91	0,92	0,92	0,93	0,93	3.526,00	2.520,00
Ángulos desde 1" hasta 4" por ancho de ala	0,94	0,95	0,96	0,95	0,97	0,97	4.258,00	1.540,00
Platinas A-36	0,82	0,84	0,85	0,85	0,86	0,88	8.524,00	5.679,00
Cuadrados A-36 1/4", 3/4" y 1"	0,85	0,85	0,85	0,86	0,86	0,86	10.213,00	15.470,00
Redondos lisos A-36 3/8", 1/2", 5/8", 3/4" y 1"	0,92	0,94	0,95	0,95	0,96	0,96	6.849,00	5.400,00
Redondos lisos A-1045 3/8", 1/2", 5/8", 3/4", 7/8" y 1"	0,95	0,96	0,96	0,98	0,98	0,99	12.654,00	3.560,00
Redondos pulidos A-36 1 1/8", 1 1/4", 1 3/8", 1 1/2", 1 3/4" y 2"	0,98	0,98	0,98	0,98	0,99	0,99	15.329,00	2.760,00
Planchas de 3 mm a 12 mm	0,79	0,81	0,82	0,83	0,85	0,85	4.567,00	9.430,00
Planchas de 16 mm a 50 mm	0,88	0,88	0,9	0,91	0,92	0,92	22.130,00	7.350,00
Perno HEX. 1" NC X 4" G°5 C/C 3/8" R.CT. GALV.	1,95	1,95	1,95	1,97	1,97	1,97	17.563,00	1.565,00
Perno HEX. 3/4" NC X 3" G° 5 R.CT. GALV.	2,31	2,35	2,37	2,43	2,44	2,45	8.657,00	4.300,00
Tuerca HEX. 3/4" NC G-5 GALV.	2,12	2,16	2,23	2,25	2,26	2,26	7.259,00	3.240,00
Tuerca HEX. 3/8" NC G-2 GALV.	2,42	2,45	2,47	2,49	2,51	2,51	6.397,00	1.546,00
Tuerca HEX. 5/8" NC G-5 GALV.	2,63	2,66	2,71	2,75	2,77	2,78	9.612,00	7.450,00

Solución

1. Método de clasificación ABC por costo unitario

Paso 1: Calcular el costo promedio según las estadísticas de costo mostrada en el cuadro anterior.

Costo/mes	Costo ($/Kg)						Costo promedio
Artículo	Enero	Febrero	Marzo	Abril	Mayo	Junio	
Ángulos mayores a 4"	0,90	0,91	0,92	0,92	0,93	0,93	0,92
Ángulos desde 1" hasta 4" por ancho de ala	0,94	0,95	0,96	0,95	0,97	0,97	0,96
Platinas A-36	0,82	0,84	0,85	0,85	0,86	0,88	0,85
Cuadrados A-36 1/4", 3/4" y 1"	0,85	0,85	0,85	0,86	0,86	0,86	0,86
Redondos lisos A-36 3/8", 1/2", 5/8", 3/4" y 1"	0,92	0,94	0,95	0,95	0,96	0,96	0,95
Redondos lisos A-1045 3/8", 1/2", 5/8", 3/4", 7/8" y 1"	0,95	0,96	0,96	0,98	0,98	0,99	0,97
Redondos pulidos A-36 1 1/8", 1 1/4"; 1 3/8", 1 1/2", 1 3/4" y 2"	0,98	0,98	0,98	0,98	0,99	0,99	0,98
Planchas de 3 mm a 12 mm	0,79	0,81	0,82	0,83	0,85	0,85	0,82
Planchas de 16 mm a 50 mm	0,88	0,88	0,9	0,91	0,92	0,92	0,90

Continúa

Continuación

Costo/mes	Costo ($/Kg)						Costo promedio
Artículo	**Enero**	**Febrero**	**Marzo**	**Abril**	**Mayo**	**Junio**	
Perno HEX. 1" NC X 4" G°5 C/C 3/8" R.CT. GALV.	1,95	1,95	1,95	1,97	1,97	1,97	1,96
Perno HEX. 3/4" NC X 3" G° 5 R.CT. GALV.	2,31	2,35	2,37	2,43	2,44	2,45	2,39
Tuerca HEX. 3/4" NC G-5 GALV.	2,12	2,16	2,23	2,25	2,26	2,26	2,21
Tuerca HEX. 3/8" NC G-2 GALV.	2,42	2,45	2,47	2,49	2,51	2,51	2,48
Tuerca HEX. 5/8" NC G-5 GALV.	2,63	2,66	2,71	2,75	2,77	2,78	2,72

Paso 2: Ordenar de mayor a menor según la columna de costo promedio.

Costo/mes Artículo	Costo promedio
Tuerca HEX. 5/8" NC G-5 GALV.	2,72
Tuerca HEX. 3/8" NC G-2 GALV.	2,48
Perno HEX. 3/4" NC X 3" G° 5 R.CT. GALV.	2,39
Tuerca HEX. 3/4" NC G-5 GALV.	2,21
Perno HEX. 1" NC X 4" G°5 C/C 3/8" R.CT. GALV.	1,96
Redondos pulidos A-36 1 1/8", 1 1/4", 1 3/8", 1 1/2", 1 3/4" y 2"	0,98
Redondos lisos A-1045 3/8", 1/2", 5/8", 3/4", 7/8" y 1"	0,97
Ángulos desde 1" hasta 4" por ancho de ala	0,96
Redondos lisos A-36 3/8", 1/2", 5/8", 3/4" y 1"	0,95
Ángulos mayores a 4"	0,92
Planchas de 16 mm a 50 mm	0,90
Cuadrados A-36 1/4", 3/4" y 1"	0,86
Platinas A-36	0,85
Planchas de 3 mm a 12 mm	0,83

Paso 3: Clasificar los artículos según el porcentaje asignado sobre el número de artículos empezando por el mayor valor.

Costo/mes Artículo	Costo promedio			
Tuerca HEX. 5/8" NC G-5 GALV.	2,72			
Tuerca HEX. 3/8" NC G-2 GALV.	2,48	A 20%	2,80	3,00
Perno HEX. 3/4" NC X 3" G° 5 R.CT. GALV.	2,39			
Tuerca HEX. 3/4" NC G-5 GALV.	2,21			
Perno HEX. 1" NC X 4" G°5 C/C 3/8" R.CT. GALV.	1,96			
Redondos pulidos A-36 1 1/8", 1 1/4", 1 3/8", 1 1/2", 1 3/4" y 2"	0,98	B 30%	4,20	5,00
Redondos lisos A-1045 3/8", 1/2", 5/8", 3/4", 7/8" y 1"	0,97			
Ángulos desde 1" hasta 4" por ancho de ala	0,96			
Redondos lisos A-36 3/8", 1/2", 5/8", 3/4" y 1"	0,95			
Ángulos mayores a 4"	0,92			
Planchas de 16 mm a 50 mm	0,90	C 50%	7,00	6,00
Cuadrados A-36 1/4", 3/4" y 1"	0,86			
Platinas A-36	0,85			
Planchas de 3 mm a 12 mm	0,82			
	14,00			

2. Método de clasificación ABC por valor de inventario

Paso 1: Calcular el valor del inventario de acuerdo al costo promedio.

Costo/mes	Costo ($/Kg)						Costo promedio	Invent exist (kg)	Costo inv prom
Artículo	Enero	Febrero	Marzo	Abril	Mayo	Junio			
Ángulos mayores a 4"	0,90	0,91	0,92	0,92	0,93	0,93	0,92	3.526,00	3.238,04
Ángulos desde 1" hasta 4" por ancho de ala	0,94	0,95	0,96	0,95	0,97	0,97	0,96	4.258,00	4.073,49
Platinas A-36	0,82	0,84	0,85	0,85	0,86	0,88	0,85	8.524,00	7.245,40
Cuadrados A-36 1/4", 3/4" y 1"	0,85	0,85	0,85	0,86	0,86	0,86	0,86	10.213,00	8.732,12
Redondos lisos A-36 3/8", 1/2", 5/8", 3/4" y 1"	0,92	0,94	0,95	0,95	0,96	0,96	0,95	6.849,00	6.483,72
Redondos lisos A-1045 3/8", 1/2", 5/8", 3/4", 7/8" y 1"	0,95	0,96	0,96	0,98	0,98	0,99	0,97	12.654,00	12.274,38
Redondos pulidos A-36 1 1/8", 1 1/4", 1 3/8", 1 1/2", 1 3/4" y 2"	0,98	0,98	0,98	0,98	0,99	0,99	0,98	15.329,00	15.073,52
Planchas de 3 mm a 12 mm	0,79	0,81	0,82	0,83	0,85	0,85	0,82	4.567,00	3.767,78
Planchas de 16 mm a 50 mm	0,88	0,88	0,9	0,91	0,92	0,92	0,90	22.130,00	19.953,88
Perno HEX. 1" NC X 4" G°5 C/C 3/8" R.CT. GALV.	1,95	1,95	1,95	1,97	1,97	1,97	1,96	17.563,00	34.423,48
Perno HEX. 3/4" NC X 3" G° 5 R.CT. GALV.	2,31	2,35	2,37	2,43	2,44	2,45	2,39	8.657,00	20.704,66
Tuerca HEX. 3/4" NC G-5 GALV.	2,12	2,16	2,23	2,25	2,26	2,26	2,21	7.259,00	16.066,59
Tuerca HEX. 3/8" NC G-2 GALV.	2,42	2,45	2,47	2,49	2,51	2,51	2,48	6.397,00	15.832,58
Tuerca HEX. 5/8" NC G-5 GALV.	2,63	2,66	2,71	2,75	2,77	2,78	2,72	9.612,00	26.112,60

Paso 2: Ordenar de mayor a menor según la columna de costo del inventario promedio.

Costo/mes Artículo	Costo promedio	Invent exist (kg)	Costo inv prom
Perno HEX. 1" NC X 4" G°5 C/Ć 3/8" R.CT. GALV.	1,96	17.563,00	34.423,48
Tuerca HEX. 5/8" NC G-5 GALV.	2,72	9.612,00	26.112,60
Perno HEX. 3/4" NC X 3" G° 5 R.CT. GALV.	2,39	8.657,00	20.704,66
Planchas de 16 mm a 50 mm	0,90	22.130,00	19.953,88
Tuerca HEX. 3/4" NC G-5 GALV.	2,21	7.259,00	16.066,59
Tuerca HEX. 3/8" NC G-2 GALV.	2,48	6.397,00	15.832,58
Redondos pulidos A-36 1 1/8", 1 1/4", 1 3/8", 1 1/2", 1 3/4" y 2"	0,98	15.329,00	15.073,52
Redondos lisos A-1045 3/8", 1/2", 5/8", 3/4", 7/8" y 1"	0,97	12.654,00	12.274,38
Cuadrados A-36 1/4", 3/4" y 1"	0,86	10.213,00	8.732,12
Platinas A-36	0,85	8.524,00	7.245,40
Redondos lisos A-36 3/8", 1/2", 5/8", 3/4" y 1"	0,95	6.849,00	6.483,72
Ángulos desde 1" hasta 4" por ancho de ala	0,96	4.258,00	4.073,49
Planchas de 3 mm a 12 mm	0,82	4.567,00	3.767,78
Ángulos mayores a 4"	0,92	3.526,00	3.238,04
		137,538.00	

Paso 3: Clasificar los artículos según el porcentaje asignado sobre el número total de unidades.

Costo/mes Artículo	Costo promedio	Invent exist (kg)	Costo inv prom			
Perno HEX. 1" NC X 4" G°5 C/C 3/8" R.CT. GALV.	1,96	17.563,00	34.423,48	A 20%	27.507,60	35.832,00
Tuerca HEX. 5/8" NC G-5 GALV.	2,72	9.612,00	26.112,60			
Perno HEX. 3/4" NC X 3" G° 5 R.CT. GALV.	2,39	8.657,00	20.704,66			
Planchas de 16 mm a 50 mm	0,90	22.130,00	19.953,88	B 30%	41.261,40	51.115,00
Tuerca HEX. 3/4" NC G-5 GALV.	2,21	7.259,00	16.066,59			
Tuerca HEX. 3/8" NC G-2 GALV.	2,48	6.397,00	15.832,58			
Redondos pulidos A-36 1 1/8", 1 1/4", 1 3/8", 1 1/2", 1 3/4" y 2"	0,98	15.329,00	15.073,52			
Redondos lisos A-1045 3/8", 1/2", 5/8", 3/4", 7/8" y 1"	0,97	12.654,00	12.274,38	C 50%	68.769,00	50.591,00
Cuadrados A-36 1/4", 3/4" y 1"	0,86	10.213,00	8.732,12			
Platinas A-36	0,85	8.524,00	7.245,40			
Redondos lisos A-36 3/8", 1/2", 5/8", 3/4" y 1"	0,95	6.849,00	6.483,72			
Ángulos desde 1" hasta 4" por ancho de ala	0,96	4.258,00	4.073,49			
Planchas de 3 mm a 12 mm	0,82	4.567,00	3.767,78			
Ángulos mayores a 4"	0,92	3.526,00	3.238,04			
		137.538,00				

3. Método de clasificación ABC por consumo y valor

Paso 1: Calcular el valor del consumo de acuerdo al costo promedio.

Costo/mes	Costo	Consumo	Valor
Artículo	**promedio**	**prom (kg)**	**consumo**
Ángulos mayores a 4"	0,92	2.520,00	2.314,20
Ángulos desde 1" hasta 4" por ancho de ala	0,96	1.540,00	1.473,27
Platinas A-36	0,85	5.679,00	4.827,15
Cuadrados A-36 1/4", 3/4" y 1"	0,86	15.470,00	13.226,85
Redondos lisos A-36 3/8", 1/2", 5/8", 3/4" y 1"	0,95	5.400,00	5.112,00
Redondos lisos A-1045 3/8", 1/2", 5/8", 3/4", 7/8" y 1"	0,97	3.560,00	3.453,20
Redondos pulidos A-36 1 1/8", 1 1/4", 1 3/8", 1 1/2", 1 3/4" y 2"	0,98	2.760,00	2.714,00
Planchas de 3 mm a 12 mm	0,82	9.430,00	7.779,75
Planchas de 16 mm a 50 mm	0,90	7.350,00	6.627,25
Perno HEX. 1" NC X 4" G°5 C/C 3/8" R.CT. GALV.	1,96	1.565,00	3.067,40
Perno HEX. 3/4" NC X 3" G° 5 R.CT. GALV.	2,39	4.300,00	10.284,17
Tuerca HEX. 3/4" NC G-5 GALV.	2,21	3.240,00	7.171,20
Tuerca HEX. 3/8" NC G-2 GALV.	2,48	1.546,00	3.826,35
Tuerca HEX. 5/8" NC G-5 GALV.	2,72	7.450,00	20.239,17

Paso 2: Ordenar de mayor a menor según la columna de valor del consumo.

Costo/mes Artículo	Valor consumo
Tuerca HEX. 5/8" NC G-5 GALV.	20.239,17
Cuadrados A-36 1/4", 3/4" y 1"	13.226,85
Perno HEX. 3/4" NC X 3" G° 5 R.CT. GALV.	10.284,17
Planchas de 3 mm a 12 mm	7.779,75
Tuerca HEX. 3/4" NC G-5 GALV.	7.171,20
Planchas de 16 mm a 50 mm	6.627,25
Redondos lisos A-36 3/8", 1/2", 5/8", 3/4" y 1"	5.112,00
Platinas A-36	4.827,15
Tuerca HEX. 3/8" NC G-2 GALV.	3.826,35
Redondos lisos A-1045 3/8", 1/2", 5/8", 3/4", 7/8" y 1"	3.453,20
Perno HEX. 1" NC X 4" G°5 C/C 3/8" R.CT. GALV.	3.067,40
Redondos pulidos A-36 1 1/8", 1 1/4", 1 3/8", 1 1/2", 1 3/4" y 2"	2.714,00
Ángulos mayores a 4"	2.314,20
Ángulos desde 1" hasta 4" por ancho de ala	1.473,27

Paso 3: Clasificar los artículos según el porcentaje asignado sobre el número de artículos.

Artículo	Costo/mes Valor consumo		
Tuerca HEX. 5/8" NC G-5 GALV.	20.239,17	A 20%	2,8
Cuadrados A-36 1/4", 3/4" y 1"	13.226,85		
Perno HEX. 3/4" NC X 3" G° 5 R.CT. GALV.	10.284,17		
Planchas de 3 mm a 12 mm	7.779,75	B 30%	4,2
Tuerca HEX. 3/4" NC G-5 GALV.	7.171,20		
Planchas de 16 mm a 50 mm	6.627,25		
Redondos lisos A-36 3/8", 1/2", 5/8", 3/4" y 1"	5.112,00		
Platinas A-36	4.827,15		
Tuerca HEX. 3/8" NC G-2 GALV.	3.826,35	C 50%	7,0
Redondos lisos A-1045 3/8", 1/2", 5/8", 3/4", 7/8" y 1"	3.453,20		
Perno HEX. 1" NC X 4" G°5 C/C 3/8" R.CT. GALV.	3.067,40		
Redondos pulidos A-36 1 1/8", 1 1/4", 1 3/8", 1 1/2", 1 3/4" y 2"	2.714,00		
Ángulos mayores a 4"	2.314,20		
Ángulos desde 1" hasta 4" por ancho de ala	1.473,27		
	14,00		

Problemas propuestos

Problema 6.6: La demanda de lámparas led en Saidsa, empresa distribuidora con sede en Pucallpa, es de 970 unidades por trimestre. La compañía incurre en un costo fijo por el transporte y la recepción de 1500 soles cada vez que se coloca un pedido. El costo de cada equipo es de 150 soles y el costo anual de mantener una lámpara en el inventario es de 160 soles. Por otro lado, la empresa ha establecido este año como política, mantener un *stock* de seguridad de 20 lámparas.

1. Calcular el tamaño del lote de pedido óptimo (cuánto pedir).
2. Calcular cada cuánto tiempo pedir (cuándo pedir).
3. Determinar el costo total anual de mantenimiento del *stock* en el almacén.

Problema 6.7: El proveedor extranjero de Saidsa le ha solicitado que realice sus pedidos con un volumen de 300 lámparas, en vista de querer ajustar los pedidos con el tamaño de los contenedores con los cuales importa estos artefactos. Como contraparte el proveedor le ofrece una compensación anual equivalente al costo de dos lámparas. Evalúe la propuesta y sugiera si debe o no aceptar la oferta.

Problema 6.8: La gerencia de Saidsa quiere aumentar el tamaño de lote óptimo de sus pedidos, de 270 a 350 lámparas. Manteniendo constantes los demás factores, ¿a cuánto debería ascender el nuevo costo de sus pedidos para mantener al mínimo el costo total del *stock*?

Problema 6.9: Zamasa es una empresa distribuidora de conservas de pescado situada en el norte del país. La venta de latas de sardinas, en envases de 450 ml, representa un gran porcentaje de sus ventas totales y ha estimado que las ventas mensuales de latas de sardinas estarán en el orden de las

35 000 unidades. La empresa calcula que el costo de hacer un pedido es de 250 soles y que además el valor de mantener una unidad en el almacén, durante un año, asciende al 15 % del precio unitario del artículo.

El proveedor de conservas de pescado le ha propuesto a Zamasa acceda a los descuentos por cantidad ordenada, según lo mostrado en la tabla adjunta.

Cantidad ordenada (Latas)	Cost unit. (Soles)
0 - 9,999	10.00
10,000 - 14,999	9.00
15,000 a más	8.10

A usted le han pedido que sugiera, de acuerdo a los descuentos en el costo unitario ofrecidos, cual es el tamaño del lote a ordenar.

Problema 6.10: Uso del diagrama ABC en la gestión de stocks

La empresa Ivansa quiere llevar un mejor control de sus inventarios en almacenes de los artículos que se muestran en la tabla adjunta. Se pide clasificar dichos artículos según los métodos de clasificación ABC por costo unitario, valor de inventario y por utilización y valor. Deberá hacerlo para cada caso asignando los porcentajes siguientes:

- A = 20 %
- B = 30 %
- C = 50 %

Costo/mes	Costo ($/Kg)						Invent exist (UN)	Consumo prom (UN)
Artículo	Enero	Febrero	Marzo	Abril	Mayo	Junio		
HUAWEI XT 800	1.199	1.210	1.200	1.250	1.211	1.260	4.567	1.560
SAMSUNG GALAXY TF	2.199	1.999	1.850	1.750	1.690	1.650	3.990	7.350
MOTOROLA R2000	499	501	520	540	550	600	2.100	9.430
APPLE 2011	4.999	5.099	5.199	5.299	5.399	5.399	950	930
XIAOMI 200-R	1.599	1.499	1.399	1.299	1.199	1.099	3.570	1.100
NOKIA 2.1	289	299	299	399	399	399	8.200	2.260
REDMI NOTE JF240	399	399	449	449	499	499	9.300	3.800

Capítulo 7

La distribución y el transporte

Distribución. Concepto

Es aquella actividad que tiene como función primordial hacer llegar al cliente el artículo solicitado, con la rapidez y confiabilidad deseadas y al mínimo costo.

Esta función se ocupa de todas las actividades relacionadas con la necesidad de situar los productos en los puntos de destino correspondientes (transporte, carga/descarga, tiempos de espera, trasbordos, etc.) de acuerdo con unos condicionantes de seguridad, servicio y coste (Alfalla, 2016).

Un adecuado sistema de distribución debe responder a ciertas preguntas básicas:

- ¿Cuál es el nivel de servicio deseado para el cliente en términos de confiabilidad y plazo?
- ¿Cuántos almacenes se requieren?
- ¿Cuál es el tamaño de dichos almacenes?
- ¿Dónde se localizan?
- ¿Qué tipos y sistemas de transporte se usará?

El transporte. Concepto

El transporte se encarga, en especial, del traslado de los artículos hacia el cliente cualquiera sea el punto de origen.

El transporte constituye un eslabón más de la cadena logística. La organización de esta actividad supone la selección del medio más adecuado (terrestre, aéreo, marítimo) junto con la programación temporal de rutas, previo establecimiento de la red de distribución correspondiente (Los Santos, 2010).

Tipos de Transporte

Se pueden identificar los siguientes tipos de transporte:

- paquetería,
- carretera,
- ferrocarril,
- marítimo,
- fluvial,
- aéreo,
- tubería,
- combinado.

Paquetería

Se transportan paquetes pequeños, desde cartas hasta paquetes que pesan 25 kg, aunque esto depende de la regulación de cada país.

Carretera

Se realiza, en su mayor parte, a través de camiones de carga, que pueden hacer uso de carga exclusiva o consolidada, mediante el traslado de punto a punto, pero con limitaciones en el tonelaje en función de las características de los vehículos.

Ferrocarril

Es más económico que el transporte por carretera y resulta más ventajoso cuando se traslada artículos de gran volumen a gran distancia.

Marítimo

Es el más económico, pero también el más lento y menos confiable en términos de entrega a tiempo. No obstante, es el medio usado, de manera universal, para transportar todo tipo de artículos, ya que es ideal para el traslado de grandes volúmenes de carga a gran distancia y bajo costo.

Fluvial

Posee similares características que el transporte marítimo, pero hace uso de las redes fluviales o ríos.

Aéreo

Es ideal cuando se tiene urgencia en el traslado de un determinado artículo de poco volumen y peso, dadas las limitaciones de peso y espacio característicos de este medio. Se trata de un transporte rápido, que puede cubrir grandes distancias, pero que es muy caro.

Tubería

Se usa, en especial, para el traslado de flujos en gran cantidad y continuidad.

Combinado

Es aquel que hace uso de más de un medio de transporte.

Sistemas de redes de transporte

«El diseño de una red de transporte afecta el desempeño de una cadena de suministro porque establece la infraestructura dentro de la cual se toman decisiones operacionales de transporte con respecto al horario y las rutas» (Chopra y Meindl, 2013).

Sistema de embarque de carga completa

En este sistema cada proveedor hace llegar a cada instalación del comprador una carga completa de su artículo. Ver figura adjunta.

Redes de transporte

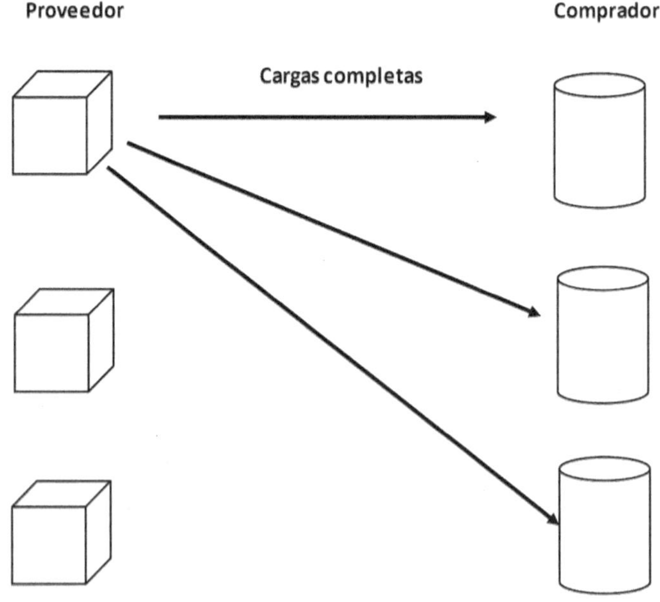

Sistema de embarque de carga consolidada

Mediante este sistema, un proveedor hace entrega de su artículo en las múltiples instalaciones del comprador, mediante un camión de carga consolidada que realiza una determinada ruta ya programada. Ver figura adjunta.

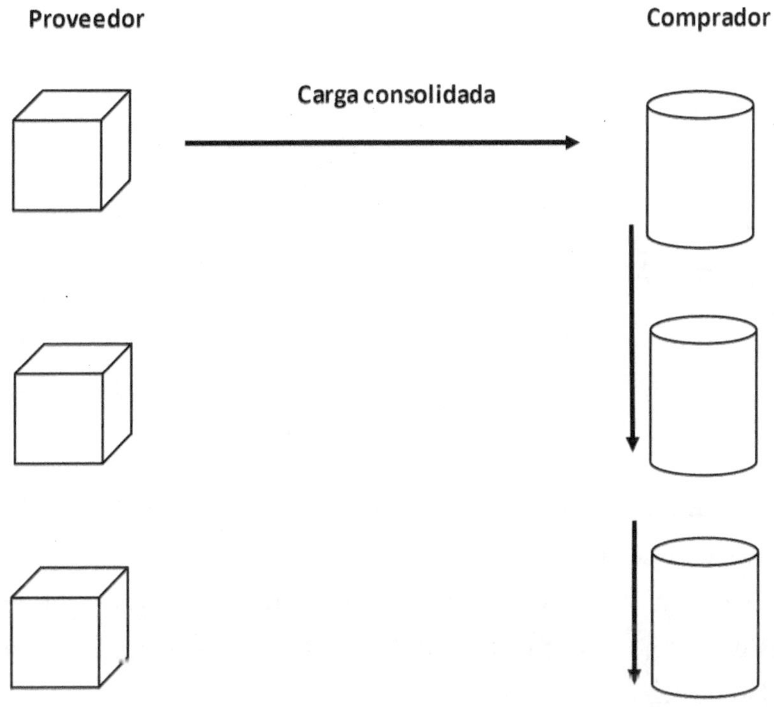

Uso de un almacén central

En este sistema existe un almacén central adonde llegan todos los envíos de los proveedores y desde el cual se atienden los pedidos de las diferentes instalaciones del comprador. Ver figura adjunta.

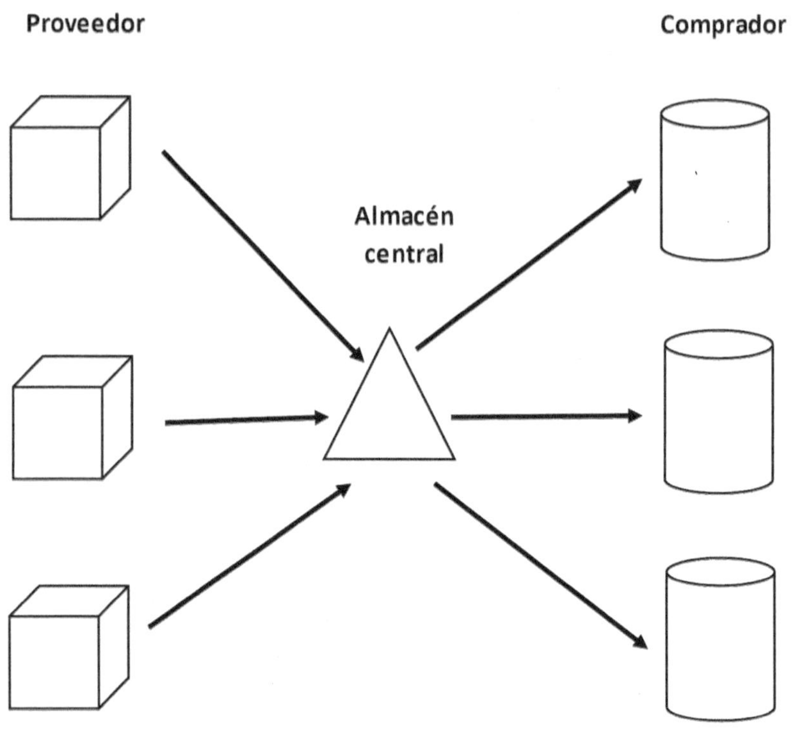

Problema 7.1: Evaluación para elegir el sistema de red de transporte en base al costo total

Una empresa distribuidora de abarrotes cuenta con 12 tiendas en Lima abastecidas desde 6 grandes proveedores. La capacidad de sus camiones es de 60 000 artículos y el costo por carga es de 1500 soles más 200 soles por cada entrega (un camión que hace 2 entregas, cobra entonces 1500 + 200 + 200 = 1900 soles).

El costo anual de mantener un artículo en el *stock* en cada tienda es de 0,35 soles, las ventas anuales estimadas para cada tienda son de 2 300 000 artículos, los camiones se usan al 80 % de su capacidad y si se optara por el sistema de carga consolidada, un camión abastecería a 3 tiendas.

Le ha pedido a usted que evalúe y sugiera qué tipo de sistema de red de transporte usar. Si utilizar cargas directas desde el proveedor hasta cada tienda, o usar el sistema de carga consolidada, haciendo un recorrido desde el proveedor hacia las tiendas para descargar en cada una de ellas una parte de lo que lleva en el camión.

Solución

La evaluación y elección del sistema de red de transporte se basa, de manera principal, en balancear los costos de mantenimiento del *stock* con los costos de transporte, para así minimizar el costo total.

Según ello, debemos comparar el costo total obtenido en ambos sistemas y elegir el menor, según lo siguiente (los costos se compararán sobre una base anual):

- Costo total del sistema de carga completa = costo de mantenimiento del *stock* + costo del transporte por carga completa.
- Costo total del sistema de carga consolidada = costo de mantenimiento del *stock* + costo del transporte por carga consolidada.

Las fórmulas a emplear son:

$$N = \frac{D}{Q}$$

En donde:
N = número de embarques al año para cada tienda.
D = demanda de artículos para cada tienda.
Q = tamaño del pedido del proveedor para cada tienda.
CTR = N * T * G * H

En donde:

CTR = costo total del transporte.

T = costo del transporte por carga y por entrega por cada tienda (costo por carga + costo por cada entrega).

G = número de tiendas del comprador.

H = número de proveedores.

$$CMS = \left(\frac{Q}{2}\right) * K * G * H$$

En donde:

CMS = costo de mantenimiento del *stock*.

K = costo de mantener un artículo en el *stock*.

Por consiguiente:

Cálculo del costo total del sistema de carga completa (CTC)

CTC = CMS + CTR

$$CTC = \left(\frac{Q}{2}\right) * K * G * H + \frac{D}{Q} * \mathrm{T} * \mathrm{G} * \mathrm{H}$$

$$CTC = \left(\frac{60{,}000 * 0.8}{2}\right) * 0.35 * 12 * 6 + \frac{2'300{,}000}{60{,}000 * 0.8} * (1{,}500 + 200) * 12 * 6$$

CTC = 604 800 + 5 865 000

CTC = 6 469 800

Cálculo del costo total del sistema de carga consolidada (CTP)

CTP = CMS + CTR

$$CTP = \left(\frac{Q}{2}\right) * K * G * H + \frac{D}{Q} * T * G * H$$

$$CTP = \left(\frac{(60{,}000*0.8)/3}{2}\right) * 0.35 * 12 * 6 + \frac{2'300{,}000}{(60{,}000*0.8)/3} * [(\frac{1{,}500}{3}) + 200] * 12 * 6$$

CTP = 201 600 + 7 245 000 = 7 446 600

Es pertinente mencionar que, en este caso, el cálculo del lote Q se realizó dividiendo la capacidad real del camión entre el número de tiendas a abastecer.

En una hoja de Excel los cálculos se pueden resumir de acuerdo a la tabla adjunta.

Se debe optar por el sistema de carga completa al tener el menor costo total.

Evaluacion para selección de una red de transporte

										Carga completa			Carga consolidada		
Concepto	**Nro tiendas**	**Nro proveedores**	**Capacidad camiones**	**Costo/ carga**	**Costo/ entrega**	**Costo mant inventario**	**Ventas/ año**	**Uso de camiones (tanto por uno)**	**Tiendas a abastecer por carga consolidada**	**Costo anual de transporte**	**Costo anual de inventario**	**Costo total**	**Costo anual de transporte**	**Costo anual de inventario**	**Costo total**
Cantidad	12	6	60.000	1.500	200	0,35	2.300.000	0,80	3	5.865.000	604.800	6.469.800	7.245.000	201.600	7.446.600

Problema 7.2: Evaluación para elegir el transporte más conveniente en términos de costo total

Orpi es una empresa ensambladora de motocicletas de Pucallpa, que le compra a Oversa, situada en Lima, todos los motores para sus motocicletas. En la actualidad, Orpi le compra a Oversa 360 000 motores cada año a un precio de 600 soles cada motor, siendo el peso de cada motor de 20 kg y el tamaño del lote de compra de 2700 motores. Asimismo, el tiempo de preparación del pedido en Orpi es de 1 día, por lo que el tiempo de espera de cada propuesta es de 1 día + tiempo de tránsito.

Por otro lado, el inventario de seguridad es de 40 % de la demanda promedio durante el tiempo de espera y el costo anual de mantenimiento del *stock* es del 30 % del precio de cada motor.

Usted es el responsable del área de logística y ha recibido 2 propuestas para el transporte de los motores que se muestran en la tabla adjunta. Evalúe ambas propuestas de acuerdo al criterio de costo total y determine cuál es la propuesta más conveniente.

Transportista	Cantidad a enviar (Kg)	Costo del envío (soles/Kg)	Tiempo de preparación del pedido	Tiempo de tránsito del envío	Tiempo de espera
Transportes CAPIBA	Igual o mayor a 60 000	0,032	1	2	3
Transportes Gutierrez SA	Igual o mayor a 20 000	0,030	1	3	4

Solución

La elección del transporte se debe realizar tomando en cuenta el costo total de cada propuesta, que incluye el costo de mantenimiento del *stock* normal, el de seguridad, el de tránsito y el costo de transporte.

Las fórmulas a emplear serían:

CT = CMSP + CTR

En donde:

CT = costo total de la propuesta de transporte.

CMSP = costo de mantenimiento del *stock* promedio.

CTR = costo del transporte.

A su vez:

CMSP = K * (inventario normal + inventario de seguridad + inventario en tránsito).

En donde:

K = costo de mantener un artículo en el *stock* durante un año.

Inventario normal $= \frac{Q}{2}$, para Q = lote a enviar.

Inventario de seguridad $= \%\ Dem\ prom. * \left[L * \left(\frac{D}{365}\right)\right]$,
para L = tiempo de espera y D = demanda anual del artículo.

Inventario de tránsito $= Tt * \left(\frac{D}{365}\right)$, para Tt = tiempo en tránsito.

CTR = D * P * C, para P = peso del artículo y C = costo unitario de envío.

Por consiguiente, aplicando las fórmulas:

Cálculo del costo total de la propuesta de Transportes Capiba:

Costo del transporte:

CTR = D * P * C

CTR = 360 000 * 20 * 0,032 = 230 400

Costo de mantenimiento del *stock* promedio

CMSP = (0,30 * 600) * [= 838 110

$$CMSP = (0.30*600) * [\frac{3000}{2} + 0.40 * \left(3 * \frac{360{,}000}{365}\right) + 2 * \left(\frac{360{,}000}{365}\right)] = 838{,}110$$

Se debe mencionar que Q debe estar expresado en número de artículos, vale decir en motores, y su cálculo se da a partir del límite inferior del intervalo de cada propuesta, las cuales están expresadas en kg. Por consiguiente, para el caso específico Q = 60 000 / 20 = 3000 motores.

Entonces:

Costo total = 230 400 + 838 110 = 1 068 510

Cálculo del costo total de la propuesta de Transportes Gutiérrez:

Costo del transporte:

CTR = D * P * C

CTR = 360 000 * 20 * 0,030 = 216 000

$$CMSP = (0.30*600) * [\frac{1000}{2} + 0.40 * \left(4 * \frac{360{,}000}{365}\right) + 3 * \left(\frac{360{,}000}{365}\right)] = 906{,}658$$

Entonces:

Costo total = 216 000 + 906 658 = 1 122 658

La propuesta más conveniente es la de Transportes Capiba.

Problemas propuestos

Problema 7.3: Una empresa distribuidora de artículos naturistas de tocador cuenta con 10 tiendas en Arequipa abastecidas desde

5 grandes proveedores. La capacidad de los camiones que utiliza es de 120 000 artículos y el costo por carga es de 900 soles más 150 soles por cada entrega (un camión que hace 2 entregas, cobra entonces 900 + 150 + 150 = 1200 soles).

El costo anual de mantener un artículo en el *stock* en cada tienda es de 0,90 soles, las ventas anuales estimadas para cada tienda son de 1 600 000 artículos, los camiones se usan al 90 % de su capacidad y si se optara por el sistema de carga consolidada, un camión abastecería a 4 tiendas.

Evalúe y determine en términos de costo total el sistema de red de transporte más conveniente para la empresa, si debe utilizar camiones mediante cargas directas desde el proveedor hasta cada tienda, o usar el sistema de carga consolidada, haciendo un recorrido desde el proveedor hacia las tiendas para descargar en cada una de ellas una parte de lo que lleva en el camión.

Problema 7.4: Orper es una empresa distribuidora de repuestos de motocicletas en todo el oriente peruano que está situada en Pucallpa y que le compra a Tunsa, situada en Lima, todos los kits de repuestos para motocicletas de diferentes modelos. En la actualidad, Orper le compra a Tunsa 960 000 kits de repuestos cada año a un precio de 70 soles cada kit, siendo el peso de cada kit de 5 kg y el tamaño del lote de compra de 16 000 kits. Asimismo, el tiempo de preparación del pedido en Orper es de 0,5 días, por lo que el tiempo de espera de cada propuesta es de 0,5 días + tiempo de tránsito.

Por otro lado, el inventario de seguridad es de 50 % de la demanda promedio durante el tiempo de espera y el costo anual de mantenimiento del *stock* es del 18 % del precio de cada motor.

Usted es el responsable del área de logística y ha recibido 2 propuestas para el transporte de los motores que se muestran en la tabla adjunta. Evalúe ambas propuestas en base al criterio de costo total y determine cuál es la propuesta más conveniente.

Transportista	Cantidad a enviar (Kg)	Costo del envío (soles/Kg)	Tiempo de preparación del pedido	Tiempo de tránsito del envío	Tiempo de espera
Minsa (ferrocarril)	Igual o mayor a 100 000	0,030	0,5	1	1,50
Ivansa (camiones)	Igual o mayor a 75 000	0,040	0,5	0,5	1,00

Apéndice

Tabla de distribución normal

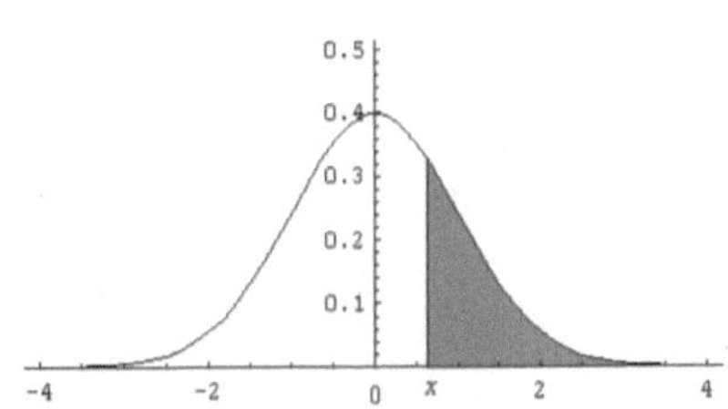

	0	0.01	0.02	0.03	0.04	0.05	0.06	0.07	0.08	0.09
0	0.50000	0.49601	0.49202	0.48803	0.48405	0.48006	0.47608	0.47210	0.46812	0.46414
0.1	0.46017	0.45620	0.45224	0.44828	0.44433	0.44038	0.43644	0.43251	0.42858	0.42465
0.2	0.42074	0.41683	0.41294	0.40905	0.40517	0.40129	0.39743	0.39358	0.38974	0.38591
0.3	0.38209	0.37828	0.37448	0.37070	0.36693	0.36317	0.35942	0.35569	0.35197	0.34827
0.4	0.34458	0.34090	0.33724	0.33360	0.32997	0.32636	0.32276	0.31918	0.31561	0.31207
0.5	0.30854	0.30503	0.30153	0.29806	0.29460	0.29116	0.28774	0.28434	0.28096	0.27760
0.6	0.27425	0.27093	0.26763	0.26435	0.26109	0.25785	0.25463	0.25143	0.24825	0.24510
0.7	0.24196	0.23885	0.23576	0.23270	0.22965	0.22663	0.22363	0.22065	0.21770	0.21476
0.8	0.21186	0.20897	0.20611	0.20327	0.20045	0.19766	0.19489	0.19215	0.18943	0.18673
0.9	0.18406	0.18141	0.17879	0.17619	0.17361	0.17106	0.16853	0.16602	0.16354	0.16109
1	0.15866	0.15625	0.15386	0.15151	0.14917	0.14686	0.14457	0.14231	0.14007	0.13786
1.1	0.13567	0.13350	0.13136	0.12924	0.12714	0.12507	0.12302	0.12100	0.11900	0.11702
1.2	0.11507	0.11314	0.11123	0.10935	0.10749	0.10565	0.10383	0.10204	0.10027	0.09853
1.3	0.09680	0.09510	0.09342	0.09176	0.09012	0.08851	0.08692	0.08534	0.08379	0.08226
1.4	0.08076	0.07927	0.07780	0.07636	0.07493	0.07353	0.07215	0.07078	0.06944	0.06811
1.5	0.06681	0.06552	0.06426	0.06301	0.06178	0.06057	0.05938	0.05821	0.05705	0.05592
1.6	0.05480	0.05370	0.05262	0.05155	0.05050	0.04947	0.04846	0.04746	0.04648	0.04551
1.7	0.04457	0.04363	0.04272	0.04182	0.04093	0.04006	0.03920	0.03836	0.03754	0.03673
1.8	0.03593	0.03515	0.03438	0.03362	0.03288	0.03216	0.03144	0.03074	0.03005	0.02938
1.9	0.02872	0.02807	0.02743	0.02680	0.02619	0.02559	0.02500	0.02442	0.02385	0.02330
2	0.02275	0.02222	0.02169	0.02118	0.02068	0.02018	0.01970	0.01923	0.01876	0.01831
2.1	0.01786	0.01743	0.01700	0.01659	0.01618	0.01578	0.01539	0.01500	0.01463	0.01426
2.2	0.01390	0.01355	0.01321	0.01287	0.01255	0.01222	0.01191	0.01160	0.01130	0.01101
2.3	0.01072	0.01044	0.01017	0.00990	0.00964	0.00939	0.00914	0.00889	0.00866	0.00842
2.4	0.00820	0.00798	0.00776	0.00755	0.00734	0.00714	0.00695	0.00676	0.00657	0.00639
2.5	0.00621	0.00604	0.00587	0.00570	0.00554	0.00539	0.00523	0.00508	0.00494	0.00480
2.6	0.00466	0.00453	0.00440	0.00427	0.00415	0.00402	0.00391	0.00379	0.00368	0.00357
2.7	0.00347	0.00336	0.00326	0.00317	0.00307	0.00298	0.00289	0.00280	0.00272	0.00264
2.8	0.00256	0.00248	0.00240	0.00233	0.00226	0.00219	0.00212	0.00205	0.00199	0.00193
2.9	0.00187	0.00181	0.00175	0.00169	0.00164	0.00159	0.00154	0.00149	0.00144	0.00139
3	0.0013500	0.0013063	0.0012639	0.0012228	0.0011830	0.0011443	0.0011068	0.0010704	0.0010351	0.0010009
3.1	0.0009677	0.0009355	0.0009043	0.0008741	0.0008448	0.0008164	0.0007889	0.0007623	0.0007364	0.0007114
3.2	0.0006872	0.0006637	0.0006410	0.0006190	0.0005977	0.0005771	0.0005571	0.0005378	0.0005191	0.0005010
3.3	0.0004835	0.0004665	0.0004501	0.0004343	0.0004189	0.0004041	0.0003898	0.0003759	0.0003625	0.0003495
3.4	0.0003370	0.0003249	0.0003132	0.0003018	0.0002909	0.0002803	0.0002701	0.0002603	0.0002508	0.0002416
3.5	0.0002327	0.0002241	0.0002158	0.0002078	0.0002001	0.0001927	0.0001855	0.0001785	0.0001718	0.0001654
3.6	0.0001591	0.0001531	0.0001473	0.0001417	0.0001364	0.0001312	0.0001261	0.0001213	0.0001166	0.0001122
3.7	0.0001078	0.0001037	0.0000996	0.0000958	0.0000920	0.0000884	0.0000850	0.0000816	0.0000784	0.0000753
3.8	0.0000724	0.0000695	0.0000667	0.0000641	0.0000615	0.0000591	0.0000567	0.0000544	0.0000522	0.0000501
3.9	0.0000481	0.0000462	0.0000443	0.0000425	0.0000408	0.0000391	0.0000375	0.0000360	0.0000345	0.0000331
4	0.0000317	0.0000304	0.0000291	0.0000279	0.0000267	0.0000256	0.0000245	0.0000235	0.0000225	0.0000216

Referencias bibliográficas

Alfalla, R. (2016). *Gestión estratégica de la cadena de suministro.* Fondo Editorial de la Universidad del Pacífico.

Anaya, J. (2011). *Logística integral.*

Chopra, S., & Meindl, P. (2013). *Administración de la* cadena *de suministro.* Quinta edición. Editorial Pearson.

Coyle, J. L., & Novack, C. R. y Gibson, B. (2018*). Administración de la* cadena *de suministro.*

Hellriegel, D., & Slocum, H. (2009). *Comportamiento organizacional.* Cengage Learning Editores SA.

Inafuko, J. T., & Rubio Donet, J. (2008). *Estadística aplicada.* Segunda Parte (Vol. 2). Fondo Editorial, Universidad del Pacífico.

Kast Fremont, E., & Rosenzweig, J. E. (1988). *Administración en las organizaciones, enfoque de sistemas y de contingencias.* Cuarta edición. Mc Graw Hill.

Krajewski, Ritzman, Malhotra. (2013). *Administración de Operaciones.*

Los Santos, I. S. (2010). *Logística y Operaciones en la Empresa,* 2010 Anaya, El Diagnóstico Logístico.

Mintzberg, H. (1979). *La Estructuración de las Organizaciones.*

Porter, M. (1985). *La ventaja competitiva según Michael Porter.*

Schroeder, R. (2011). S. Meyer y J. Rungtusanatham. (2011). *Administración de Operaciones.*

www.ingramcontent.com/pod-product-compliance
Lightning Source LLC
LaVergne TN
LVHW091102150826
845673LV00002B/690

* 9 7 8 6 1 2 4 9 4 3 9 5 9 *